Publius Ovidius Naso, geboren am 20. März 43 v. Chr. in Sulmo (östlich von Rom), ist um das Jahr 18 n. Chr. in Tomis (Constanza) am Schwarzen Meer gestorben.

Wenige Dichter aus dem frühen Europa haben uns so genau, so deutlich ihr Leben geschildert wie Ovid. Im Schlußgedicht des 4. Buches der »Lieder der Trauer« zieht der alt gewordene Poet des augusteischen Rom das Fazit seines Lebens. Er wendet sich direkt an uns, seine zukünftigen Leser: »Accipe, posteritas – Vernimm es, Nachwelt, wer ich, der Sänger zärtlicher Liebe, einst gewesen ...« Verbannung hieß der einschneidende Eingriff in das Leben des Publius Ovidius Naso, Verbannung aus der Hauptstadt in eine ferne Randprovinz des Römischen Weltreichs, aus dem Zentrum gewohnter Zivilisation, Lebenskultur und Kunst in eine unbekannte und lähmende Fremde. Den berühmten, hochgeschätzten Dichter der »Liebeskunst« und der »Metamorphosen« traf der Spruch des Augustus, mit dem die angebliche Verstrickung in eine Affäre am Kaiserhof geahndet werden sollte, unvorbereitet und wehrlos. Tomis am Schwarzen Meer, das heute als Constanza ein Ferienparadies für den Massentourismus ist, wurde dem verwöhnten Dichter Ovid zum Schreckensort, an dem er allein in der Dichtung Trost fand und über die Wechselhaftigkeit menschlichen Glücks nachsinnen konnte.

insel taschenbuch 1987

Ovid

Lieder der Trauer

Ovid
Lieder der Trauer

Die Tristien des Publius Ovidius Naso
Aus dem Lateinischen übertragen
und herausgegeben von Volker Ebersbach

Insel Verlag

Umschlaggestaltung unter Verwendung
der Medusen-Kamee (Inv. 25864),
Museo Nazionale, Neapel

insel taschenbuch 1987
Erste Auflage 1997

Vertrieb durch den Suhrkamp Taschenbuch Verlag
Umschlag nach Entwürfen von Willy Fleckhaus
Satz: Hümmer GmbH, Waldbüttelbrunn
Druck: Nomos Verlagsgesellschaft, Baden-Baden
Printed in Germany

1 2 3 4 5 6 – 02 01 00 99 98 97

Erstes Buch

I

Büchlein, ich neid es dir nicht: Nach Rom wirst du ohne mich reisen.
Ach, daß man mir, deinem Herrn, nicht diese Reise erlaubt!
Geh denn, doch schmucklos, wie es dem Werk des Verbannten auch zukommt.
Laß an deiner Gestalt sehen, wie schlecht es ihm geht.
Hülle dich nicht in den purpurnen Saft einer färbenden Beere.
Das ist der Farbton nicht, welcher zu Trauernden paßt.
Zedernöl soll das Papier nicht, Zinnober den Titel nicht zieren.
Aus der geschwärzten Stirn rage kein weißes Gehörn.
Solcherlei Schmuckwerk möge die glücklichen Bücher verschönern.
Dir hingegen gebührt, daß du mein Schicksal bezeugst.
Laß dir die Seiten nicht beide mit bröckelndem Bimsstein verfeinern.
Struppig soll man dich sehn und mit verworrenem Haar.
Schäme der Flecken dich nicht! Wer sie sieht, wird die Herkunft verstehen.
Tränen, die ich vergoß, riefen sie nämlich hervor.
Reise! Und grüß durch mein Wort die Gegenden, Buch, die ich liebe,
wo man mit deinem Fuß wohl mir zu wandeln erlaubt.
Findest du einen im Volk, der sich noch meiner erinnert,
einen, der dich vielleicht fragt, wie es mir nun ergeht,
wirst du ihm sagen, ich lebe, doch ob es mir gut geht, verneinen;
schon daß ich lebe, sag auch, sei mir ein Göttergeschenk.
Laß denn verschwiegen dich lesen von denen, die vieles dich fragen.
Hüte dich! was du nicht mußt, plaudere keinesfalls aus!
Hört mich der Leser nur nennen, so denkt er an meine Vergehen,
und zur Rechenschaft zieht gleich mich in die Öffentlichkeit.
Nimm mich ja nicht in Schutz, auch wenn dich Worte verletzen.

Wer sich verteidigt, der macht schlimmer nur, was er getan.
Manch einen findest du wohl, der seufzt, daß ich fortgehen mußte,
feuchte Wangen bekommt, wenn er die Verse genießt,
und insgeheim, daß es ja kein Spitzel vernehme, den Wunsch hegt,
daß mir der Cäsar die Gunst milderer Strafe erweist.
Meinerseits bete ich: Dem soll kein Unglück geschehn, wer auch immer,
da ich so unglücklich bin, Nachsicht der Götter mir wünscht.
Was er begehrt, sei beschlossen. Und – ist der Princeps begütigt –
wo meine Väter gewohnt, sei mir zu sterben vergönnt.
Hast du auch alles erfüllt, so macht man vielleicht dir zum Vorwurf,
Buch, daß in dir meine Kunst weniger Beifall verdient.
Auftrag des Richters ist, so wie die Sache die Zeit zu bedenken.
Dir wird keine Gefahr drohen, bedenkt man die Zeit!
Lieder entstehen so leicht, wenn ein heiterer Sinn sie hervorbringt.
Düster umwölkt meine Zeit Unglück, das plötzlich mich traf.
Lieder bedürfen der Einsamkeit und der Muße des Dichters.
Hart setzt das Meer, der Sturm, grimmig der Winter mir zu.
Liedern schadet jedwede Angst. Doch ich muß befürchten,
daß man das Schwert alsbald dicht an die Kehle mir hält.
Daß ich die Verse hier schreibe, wird den, der mir wohlwill, verwundern.
Nachsichtig lese er sie, mögen sie sein, wie sie sind.
Nimm einmal an, den Mäonier träfe so bitteres Unglück:
All sein Können erlahmt unter so drückendem Leid!
Gehe denn hin, mein Buch, und fürchte dich nicht vor Gerede!
Schämen darfst du dich nicht, wenn du den Lesern mißfällst.
Nicht so gewogen begegnet mir nämlich mein Schicksal, als wär dir
Rücksicht geboten darauf, daß man mit Lob dich bedenkt.
Als ich noch glücklich war, ergriff mich das Streben nach Ehren,
brannte ich drauf, daß ich mir bald einen Namen erwarb.

Wenn ich die Dichtung, den Hang, der mir schadete, dennoch nicht hasse,
sei es genug! Meiner Kunst wegen bin ich nun verbannt.
Dennoch, statt meiner geh du, sieh Rom, da dir es erlaubt ist!
Fügten die Götter es doch, daß ich mein Büchlein nun wär!
Wenn du, ein Fremdling, die mächtige Hauptstadt endlich erreicht hast,
glaube nicht, daß du im Volk unerkannt umgehen kannst.
Wenn dir der Titel auch fehlte, die Farbe allein macht dich kenntlich.
Leugne nur! Jeder bemerkt, daß ich dein Urheber bin.
Dennoch tritt vorsichtig ein, daß dir meine Dichtung nicht schadet.
Nicht mehr wie voreinst wird sie mit Gunst überhäuft.
Triffst du auf einen, der meint, er brauchte dich nicht erst zu lesen,
nur weil ich dich gemacht, und aus dem Schoß dich verstößt,
sag ihm: ›Betrachte den Titel! Ich bin nicht der Lehrer der Liebe.
Jenes andere Werk wurde gebührend bestraft.‹
Hoffst du vielleicht, auf den Palatinischen Hügel zu steigen,
daß du auf mein Geheiß trittst in des Cäsars Palast?
Mag der erhabene Ort mir samt seinen Göttern vergeben!
Dies ist die Burg, die den Blitz niedergesandt auf mein Haupt.
Dort, das bedenke ich, waltet der gütigste Gott. Aber Götter,
die mir ein Leid zugefügt haben, bereiten mir Furcht.
Schrickt doch die Taube beim leisesten Flügellaut noch zusammen,
hast du sie, Habicht, einmal mit deinen Krallen verletzt,
und von den Ställen wagt sich das Lamm nicht weit zu entfernen,
das des gefräßigen Wolfs Zähnen man einmal entriß.
Lebte er, würde Phaëthon den Himmel geflissentlich meiden,
Rosse, aus Torheit gewünscht, faßte er niemals mehr an.
Jupiters Waffen – ich spürte sie – fürchte ich auch, das gesteh ich.
Donnert es, mein ich, auf mich ziele der drohende Blitz.
Wer den Kapherischen Felsen entkam aus der griechischen Flotte,
lenkte die Segel dann stets fort vom Euböischen Meer.

Also scheut sich mein Nachen, nachdem ein Sturm ihn verletzt hat,
wieder dem Ort sich zu nahn, wo die Verletzung ihn traf.
Sieh dich denn vor, mein Buch, schau dich um mit wachsamen Sinnen,
gib dich zufrieden damit, wenn dich der Mittelstand liest.
Ikarus, als er mit allzu schwächlichen Flügeln gen Himmel
flog, hat die Wasser des Meers mit seinem Namen bedacht.
Ob du nun Ruder gebrauchst, ob Wind, kann ich schwerlich von hier aus
sagen. Das hängt noch vom Ort und von den Umständen ab.
Kannst du ihn treffen, wenn nichts ihn belastet, und siehst du, daß alles
glimpflich verläuft, wenn sein Zorn nicht mehr so heftig sich regt,
findest du einen, der dich, weil du schwankst und zu gehen dich fürchtest,
ihm übergibt und zuvor kurz für dich eintritt, dann geh!
Komme zu günstiger Stunde ans Ziel, sei erfolgreicher als dein
Urheber war und bewirk Linderung für meine Not!
Denn es vermag mir niemand zu helfen außer dem einen,
der die Wunden mir schlug, so wie Achilles voreinst.
Achte darauf, mir nicht, wo du nützen wolltest, zu schaden!
Denn meine Hoffnung ist doch kleiner noch als meine Angst.
Schüre nicht wieder den Zorn, nachdem er sich endlich gelegt hat,
hüte dich, daß du mir Grund neuer Bestrafungen wirst!
Wenn du dennoch ins Innerste unseres Hauses gelangt bist
und in der Kapseln Gewölb du deine Heimstatt erreichst,
wirst du daselbst deine Brüder in Reihen liegend erblicken,
die mit derselben Kunst alle bei Nacht ich erschuf.
Unverhohlen verraten die meisten ganz offen die Titel,
tragen die Namen auch freimütig auf ihrer Stirn.
Drei aber findest du, die sich im finsteren Winkel verbergen,
weil sie den Liebesgenuß lehren, wie jedermann weiß.
Entweder meide sie, oder, wenn mutige Worte dir liegen,

Ödipus nenne sie dann, Telegon nimm als Vergleich!
Und – laß dich mahnen, sofern deines Vaters Besorgnis dir wert ist, –
lieb von den Dreien nicht eins, ob es gleich Liebe dich lehrt!
Außerdem gibt es noch fünfzehn Bücher ›Gestalten im Wandel‹,
Dichtungen, die man mir knapp vor der Bestattung entriß.
Ihnen erkläre, ich trag es dir auf, die Gestalt meines Schicksals
füge man nun getrost diesen Verwandlungen an.
Denn es ist plötzlich ganz anders als früher geworden. Zum Weinen
finde ichs nun. Und es gab Zeiten, da war es voll Glück.
Mancherlei wollte ich, wenn du mich fragst, noch dir übertragen.
Aber ich fürchte, der Grund, daß du zu spät kommst, zu sein.
Und wenn du alles, mein Buch, dir auflüdest, was mir noch einfällt,
würde die Bürde für den, der dich befördert, zu groß.
Weit ist der Weg. Darum eile! Am Ende der Welt muß ich wohnen
in einem Land, das fern liegt meinem eigenen Land.

II

Götter des Himmels und Meeres! Was bleibt außer Beten mir übrig?
Schont das gestrandete Schiff, daß es nicht gänzlich zerbricht.
Und unterstützt nicht noch den Zorn des großen Cäsaren!
Setzt uns der eine Gott zu, hilft oft ein anderer Gott.
Mulciber war gegen Troja, doch stand für Troja Apollo;
Teukrer, bei Venus in Gunst, wurden von Pallas verfolgt.
Haßte Saturnia doch, die dem Turnus geneigt war, Aeneas.
Der war aber geschützt, nur weil es Venus gewollt.
Neptun verfolgte mit Ungestüm oft den gewitzten Ulixes.
Aber Minerva nahm oft ihn vor dem Oheim in Schutz.
Wer nun, so fern ich jenen auch stehen mag, wollte verwehren,
wenn ein Gott mir zürnt, daß eine Gottheit mir hilft?
Worte verliere ich Armer umsonst; sie sind ohnehin nutzlos.
Während ich spreche, bespritzt wütend die See meinen Mund,
und der entsetzliche Südwind verweht, was ich sag, und Gebeten,
die zu den Göttern gesandt werden, verlegt er den Weg.
Also tragen die Winde, daß doppelt ich Grund hab, zu leiden,
Segel zugleich und Gebet fort, und ich weiß nicht, wohin.
Wehe, ich Armer! Wie wälzen hinauf sich die Berge aus Wasser!
Gleich, gleich haben sie schon, scheint es, die Sterne erreicht.
Was für Täler, in die, sich teilend, die Wasser versinken!
Gleich, gleich strömen sie, scheints, schwarz in den Tartarus ein.
Nichts als das Meer und den Himmel erblick ich, wohin ich auch schaue,
Meer, von Wogen zerwühlt, Himmel, bedrohlich umwölkt.
Zwischen den beiden rasen mit heftigem Brausen die Stürme,
und die Welle im Meer schwankt, welchem Herren sie folgt.

Erst nämlich schöpft der Ostwind Kräfte aus purpurnem Morgen,
dann ist der Westwind da, spät und vom Abend geschickt.
Anfangs wirbelt vom trockenen Pol der eisige Nordwind,
bald mit feindlicher Stirn wirft in den Kampf sich der Süd.
Unschlüssig fragt sich der Steuermann: Was soll er tun oder lassen?
Wechselt das Unheil so oft, läßt seine Kunst ihn im Stich.
Also geh ich wohl unter. Mir bleibt keine Hoffnung auf Rettung.
Auf mein Gesicht bricht die See, während ich spreche, herab.
Bald hat das Meer meine Seele erdrückt, und mit dem vergeblich
betenden Munde sodann trink ich die tödliche Flut.
Doch meine liebende Frau hat den Schmerz nur, daß ich verbannt bin;
dies mein Unglück allein ist ihr bekannt, wenn sie seufzt.
Nichts davon weiß sie, wie das mächtige Meer uns umherwirft,
nichts, wie der Sturm uns jagt, nichts, daß der Tod nach uns greift.
Gut, daß ich nicht ihr erlaubte, mit mir das Schiff zu besteigen!
Steht doch mir Armem der Tod also nicht doppelt bevor!
Sterbe ich nun, so wird wenigstens, weil sie außer Gefahr ist,
eine Hälfte von mir dennoch dem Leben bewahrt.
Weh mir! Wie haben von zuckender Flamme die Wolken geleuchtet!
Welch ein Donner durchrollt droben das Himmelsgewölb!
Nicht mit geringerer Wucht bedrängen die Wogen die Planken
als ein Schleudergeschoß, das an die Stadtmauern prallt.
Hier nun die Woge, die kommt, über alle die Wogen sich auftürmt,
folgt auf die neunte, und gleich bäumt sich die elfte schon auf.
Nicht vor dem Tod hab ich Angst, sondern davor, kläglich zu sterben.
Bleibt mir der Schiffbruch erspart, sei mir der Tod ein Geschenk.
Kommt man durch Schwert oder Schicksal zu Fall, so bedeutet es etwas,
wenn man auf sicherem Grund sterbend sich hinlegen kann,
etwas den Seinen noch mitteilen darf, einen Grabstein erwartet
und nicht als Fraß noch dient Fischen und Meeresgetier.

Nehmen wir an, ich verdiente es, so zu sterben: Nicht einsam
segle ich! Schuldlose auch trifft meine Strafe – wozu?
Deshalb, ihr Götter des Himmels, ihr grünen Beschützer der Meere,
beide Scharen: Laßt ab! Stellt eure Drohungen ein!
Gebt, daß ich glücklos mein Leben, das mild mir der zornige Cäsar
schenkte, nun auch an den Ort bringe, den er mir befahl.
Wollt ihr, daß ich die Strafe verbüße, die ich verdiente –
schuldig genug für den Tod fand selbst mein Richter mich nicht.
Wär es des Cäsars Wunsch, schon jetzt zu den stygischen Wellen
mich zu schicken, von euch hätt er nicht Hilfe gebraucht.
Er mißgönnt es mir nicht, daß mein Blut noch pulst in den Adern,
und wenn er wollte, er selbst nähme zurück, was er gab.
Ihr, gegen die ich keinerlei Frevel beging, wie ich glaube,
bitte, begnügt euch mit dem, was ich inzwischen schon litt!
Wenn ihr hingegen alle beschlösset, mich Armen zu retten,
gäbe es doch für mein Haupt, da es verdammt ist, kein Heil.
Selbst wenn das Meer sich beruhigt und günstige Winde mir dienen,
wenn ihr mich auch verschont, bin ich nicht minder verbannt!
Nicht aus dem unersättlichen Drang, zu Reichtum zu kommen,
Waren befördernd zum Tausch, pflüg ich die Weiten des Meers,
79 nicht damit ich die herrliche Stadt Alexanders erreiche
80 und mich bei dir dem Genuß hingebe, heiterer Nil.
77 Weder Athen will ich sehen, wohin ich mich sehnlich einst wünschte.
78 Asiens Städte, noch auch Gegenden, die ich schon sah.
81 Wer könnte glauben, wozu ich freundliche Winde mir wünsche?
Nur das sarmatische Land ist für mein Segel das Ziel.
Links muß ich landen am rauhen Gestade des Pontus und klage
dennoch, wie langsam die Fahrt mich von zu Hause entfernt.
Tomi zu sehen, ich weiß nicht, wo auf dem Erdkreis gelegen,
dazu verkürze ich mir jetzt durch Gebete den Weg!
Wenn ihr mir wohlwollt, bezähmt die sich türmenden Fluten, und euer

göttlicher Wille bewirk glückliche Fahrt meinem Schiff.
Haßt ihr mich mehr, so werft mich ans Land, wohin man mich schickte!
Muß ich schon büßen, gehört dieses Gebiet auch dazu.
Bringt mich – was will ich noch hier? – dorthin, ihr reißenden Winde!
Warum strebt nur mein Schiff noch nach Ausonien zurück?
Wenn es der Cäsar nicht wollte – was haltet ihr, den er verbannte?
Mögen das pontische Land bald meine Augen erschaun!
So sein Befehl, und so kommt es mir zu. Die Vergehen zu decken,
die seine Strafe trifft, fänd ich nicht gut noch erlaubt.
Doch wenn die Taten der Sterblichen niemals die Götter betrügen,
wißt ihr ja, daß mein Vergehn ohne Verbrechen geschah.
Ist euch das also bewußt, und hat mich ein Irrtum mißleitet,
war es nur Torheit und nicht irgendein schändlicher Plan,
war seinem Haus ich in aller Bescheidenheit freundlich gesonnen,
war das Urteil gerecht, das vom Augustus mich traf,
wenn ich das Zeitalter pries, das er lenkt, und dem Cäsar voll Demut
und den Cäsaren auch Opfer von Weihrauch gebracht –
stand mir danach der Sinn, so verschont mich bitte, ihr Götter!
Anders stürze die See nieder und decke mich zu!
Sehe ich recht? Beginnt das schwere Gewölk zu verschwinden?
Sinken die Wogen besiegt in das verwandelte Meer?
Zufall? O nein! Sondern ihr, die ich rief, um Frieden zu schließen,
ihr, die man nie hintergeht, habt mir die Hilfe gebracht!

III

Jedesmal, wenn das traurige Bild der Nacht in mir aufsteigt,
die mir als äußerste Frist noch in der Hauptstadt verblieb,
wenn ich die Nacht überdenke, da ich so viel Liebes zurückließ,
quillt ein Tropfen noch jetzt aus meinen Augen hervor.
Nahe war schon der Tag, der mich von Ausoniens fernsten
Grenzen fortwies, verbannt, wie es der Cäsar befahl.
Knapp war die Zeit, und ich war zu verwirrt, um zur Reise zu rüsten.
Dennoch zog sie sich hin, lähmte mir steinern die Brust.
Weder an Diener, noch daran, mir Reisebegleiter zu wählen,
noch an Kleidung und Geld dachte ich für meine Flucht,
stand wie betäubt, wie gefällt von Jupiters Blitzstrahl, wie einer,
der noch lebt, aber doch nichts davon weiß, daß er lebt.
Als der Schmerz endlich selbst vom Kopf mir den Schleier entfernte
und meinen Sinnen sodann wiedererwachte die Kraft,
fand ich Worte des Abschieds an meine erschütterten Freunde,
diesen und jenen, der blieb von der so zahlreichen Schar.
Liebevoll drückte mein Weib mich; ich weinte, sie weinte noch bittrer,
Tränen, durch nichts verdient, flossen die Wangen herab.
Weit war gerade die Tochter entfernt an der libyschen Küste,
und sie ahnte noch nicht, was ihrem Vater geschah.
Wo man auch hinsah, war Trauer, ertönte ein Seufzen und Schluchzen
wie beim Begräbnis, so laut weinten sie alle im Haus.
Frauen, Männer und Kinder beklagten mich wie einen Toten,
und kein Winkel im Haus blieb von den Tränen verschont.
Wenn es erlaubt ist, Vergleiche mit Großem für Kleines zu wählen:
So sah Troja wohl bei der Eroberung aus.
Und schon kamen die Stimmen der Menschen und Hunde zur Ruhe,

droben trieb durch die Nacht Luna ihr Pferdegespann.
Dorthin schaute ich auf und zum kapitolinischen Hügel
– gar nichts brachte es ein, daß ich daneben gewohnt –
und ich sprach: ›Ihr Gewalten, so eng meinem Hause benachbart,
Tempelbezirke, die nie wieder mein Auge erblickt,
Götter, die euch die erhabene Stadt des Quirinus beherbergt,
die ich zurücklassen muß: Seid mir auf immer gegrüßt!
Wenn ich auch viel zu spät den Schild erhebe, schon blutend,
dennoch entlastet von Haß nun meinen Weg ins Exil!
Was für ein Irrtum mich täuschte, den göttlichen Mann laßt es wissen,
daß mein Versagen ihm nicht als ein Verbrechen erscheint!
Wenn er erfährt, der die Strafe verhängte, was euch schon bekannt ist,
wenn sich der Gott mir versöhnt, kann ich nicht unglücklich sein.‹
Diese Gebete entsandte ich, mehr noch mein Weib, zu den Göttern,
Schluchzen mischte sich ein, machte die Stimmen uns rauh.
Sie fiel nieder mit wehenden Haaren, den Laren zu Füßen,
und das erloschene Licht küßte sie bebenden Munds,
stieß eine Flut von Worten hervor zu den stummen Penaten;
nichts hat sie damit dem Mann, den sie beweinte, genützt.
Fast überschlugen die Stunden der Nacht sich, ich durfte nicht zaudern,
schon zum Nordpol gewandt war der parrhasische Bär.
Was war zu tun? Die Liebe zur Heimat verführte zum Bleiben.
Aber die letzte Nacht wars vor dem Gang ins Exil.
Ach, wie oft hab ich hastenden Menschen gesagt: ›Wozu rennst du!
Prüfe, wohin du so schnell hastest, bedenke, woher!‹
Ach, wie oft übertölpelte ich mich selber, die Stunde,
die für den Aufbruch taugt, stünde nun endgültig fest.
Dreimal betrat ich die Schwelle – zurück bin ich dreimal gewichen,
und es verharrte mein Fuß, weil er der Wehmut erlag.
Nach dem Abschied begann ich immer von neuem zu reden,
endlich den letzten Kuß gab ich, als ginge ich fort,

um mich zu täuschen, befahl ich dasselbe noch oft; zu den teuren
    Pfändern der Liebe zurück wandte ich oft meinen Blick.
Dann wieder sprach ich: ›Wozu denn die Eile? Nach Skythien soll ich,
    fortgehn muß ich von Rom! Aufschub hat doppelten Grund.
Lebend soll ich mein lebendes Weib nun auf immer verlieren
    und mein Haus und dazu alle, an denen ich hing;
und euch Freunde auch, die ich brüderlich liebte, o die mir,
    einer dem anderen lieb, Theseus' Vertrauen verband!
Da es noch möglich ist, laßt euch umarmen! Vielleicht ist es nie mehr
    möglich! Die Spanne der Zeit, die mir noch bleibt, ist Gewinn!‹
Aber es drängt mich die Zeit, und ich stocke inmitten des Satzes;
    die mir am nächsten sind, nehme ich still in den Arm.
Während wir sprachen und weinten, erschien am Himmel der hellste
    Stern, der schlimmste für mich, ging schon der Morgenstern auf.
Anders kam ich nicht los, als verlöre ich all meine Glieder,
    und mir schien, ein Stück risse vom Körper sich los.
Mettus litt so, als ein Pferdegespann, nach entgegengesetzten
    Seiten zerrend den Leib, rächte voreinst den Verrat.
Da aber wird das Geschrei und das Schluchzen der Meinen noch lauter,
    und auf die nackte Brust pochen die Fäuste betrübt.
Schließlich stieß meine Frau, auf meine sich wendenden Schultern,
    während ich weinte, gestützt, traurig die Worte hervor:
›Siehst du! Du kannst dich nicht trennen! Zusammen wollen wir reisen.
    Laß mich dir folgen! Verbannt sei denn auch ich, deine Frau!
Auch für mich gibt es Wege, ans Ende der Welt zu gelangen,
    keine gewichtige Last bin ich dem fliehenden Schiff.
Dir befiehlt die Ungnade Cäsars, dein Land zu verlassen,
    mir die Treue. Und sie sei nun der Cäsar für mich.‹
So versuchte sie mich zu erweichen wie vorher schon mehrmals,
    beugte sich kaum der Vernunft, die es uns anders gebot.
Als ich hinausschritt, wars, als würde ich lebend begraben,

schmutzig und stopplig, das Haar hing mir verwirrt ins Gesicht.
Ihr wurde schwarz vor Augen, erzählt man, vor Schmerz, und die Sinne
schwanden ihr, sie schlug hin mitten im Hause wie tot.
Als sie sich aufraffen wollte, die Haare voll Staub und verwüstet,
und sich fröstelnd und starr wieder vom Boden erhob,
galt ihr Jammern bald sich und bald den verlaßnen Penaten,
und den verlorenen Mann rief sie beim Namen noch oft.
Und nicht weniger schrie sie, als hätte sie schon auf dem Holzstoß
unsere Tochter und mich beide als Leichen gesehn.
Sterben wollte sie auch, um sterbend nichts mehr zu fühlen,
doch der Gedanke an mich hielt sie am Ende zurück.
Leben soll sie! Und weil es das Schicksal will, daß ich gehe,
helfe sie, daß mir mein Los etwas erträglicher wird.

IV

Tief in den Ozean taucht Boótes, der Hüter der Bärin,
bringt mit seinem Gestirn Unruhe über die See.
Ich aber spalte das Ionische Meer nicht etwa freiwillig,
sondern mich nötigt die Angst, kühn und verwegen zu sein.
Wehe, ich Armer! Wie türmen sich unter den Böen die Wasser,
und wie brodelt, vom Grund aufwärts gewirbelt, der Sand!
Niedriger kaum als ein Berg, überspringt die Flut den gekrümmten
Bug und das Heck, wo ihr Schlag Bilder der Göttlichen trifft.
Unter dem Aufprall knarren die Planken, es schwirren die Taue;
über mein Unglück klagt seufzend sogar dieses Schiff.
Blässe verrät im Gesicht des Seemanns den eisigen Schauder.
Steuerlos läßt er das Schiff, da es ihm nicht mehr gehorcht.
Und wie der Reiter dem Pferd, zu schwach, ihm den Nacken zu beugen,
endlich die Zügel verhängt, weil es auch ihnen nicht folgt,
läßt, wie ich sehe, dem Schiff der Steuermann locker die Segel,
das seinem Willen nicht mehr, sondern den Wogen gehorcht.
Schickt nicht Aeolus bald uns Winde aus anderer Richtung,
kommen wir Gegenden nah, die ich nicht anlaufen darf.
Denn nachdem sich Illyrien links immer weiter entfernt hat,
taucht Italien auf, das man zu sehn mir verbot.
Mögen die Lüfte mich nicht in verbotene Länder verschlagen,
sondern dem mächtigen Gott, bitte, gehorchen wie ich!
Während ich spreche, die Rückkehr ebenso fürchte wie wünsche,
o mit welcher Gewalt kracht in die Flanke die Flut!
Bläuliche Götter des Meeres, verschont denn wenigstens ihr mich!
Daß mir Jupiter grollt, sei doch wahrhaftig genug!

Laßt eine müde Seele dem grimmigen Tode entkommen,
wenn, schon gestorben zu sein, einem das Sterben erspart!

V

O mein Freund, der du keinem je nachstehst, denk ich an Freunde,
dem ganz besonders mein Los schien, als beträf es ihn selbst,
der du als erster in meiner Bestürzung, Teuerster, wagtest,
mir, ich erinnere mich, tröstend zur Seite zu stehn,
der du mir zartfühlend rietest, nicht aus dem Leben zu scheiden,
als mein trauriges Herz Todesverlangen beschlich!
Da ich den Namen verschlüsselte, weißt nur du, wen ich meine,
und was du tatest für mich, Freund, ist dir sicher bewußt.
Dies wird immer mir tief in die innerste Seele geprägt sein,
und ich stehe fortan immer bei dir in der Schuld.
Eher verliert sich mein Geist in den leeren Räumen der Lüfte,
läßt die Gebeine zurück, die man im Feuer verbrennt,
als daß bei mir ein solches Verdienst in Vergessenheit käme
und mir entfiele, wie treu damals der Freund zu mir hielt.
Mögen die Götter dir freundlich sein und ein Schicksal bescheren,
das keinen Mangel kennt und das dem meinen nicht gleicht!
Segelte dieses Schiff jedoch unter freundlichen Winden,
niemals würde vielleicht je deine Treue erkannt.
Wär zu den Wassern der Unterwelt Theseus nicht lebend gekommen,
nie hätt Pirithous ihn also empfunden als Freund.
Daß dir der Freund aus Phokis ein Beispiel wahrhaftiger Liebe
wurde, gestrenger Orest, war deiner Furien Werk.
Wäre Euryalus nicht, mit den Rutulern kämpfend, gefallen,
Nisus, des Hyrtacus Sohn, müßte verzichten auf Ruhm.
Wie erst im Feuer der rötliche Glanz des Goldes erkannt wird,
stellt sich in harter Zeit auch erst die Treue heraus.
Hilft Fortuna jemandem, lächelnd mit heiterem Antlitz,

läßt sie ihm Hab und Gut, strömen sie alle ihm zu.
Aber beim ersten Donnerschlag fliehen sie, keiner mehr kennt ihn,
drängten sich auch zuvor dicht die Gefährten um ihn.
Was ich einmal dem Beispiel der Vorzeit entlehnte an Unglück –
nun erweist es sich also an mir noch als wahr!
Ihr seid höchstens noch zwei oder drei aus der Vielzahl von Freunden;
andere sind nicht mir, sondern Fortuna gefolgt.
Seid um so hilfreicher mir, ihr Wenigen, da es mir schlecht geht,
zieht nach dem Schiffbruch mich auf einen sicheren Strand!
Laßt euch, ihr Ängstlichen, nicht durch falsche Befürchtungen schrecken,
daß der Göttliche zürnt, wenn ihr mir Treue bewahrt!
Oft schon lobte er Treue sogar an den Waffen des Gegners.
Cäsar liebt sie beim Freund, läßt sie auch gelten beim Feind.
Nicht so schlimm ist mein Fall: Ich half nicht feindlichen Waffen,
sondern durch Arglosigkeit hab ich Verbannung verdient.
Nimm also sorgsam, bitte, dich an meines Falles, wenn irgend
sich der göttliche Zorn doch noch beschwichtigen läßt!
Wer allerdings meinen Fall bis ins letzte verlangte zu kennen,
der wünscht mehr zu erfahr'n, als es die Sache erlaubt.
Mißgeschicke ereilten so viel mich, wie Sterne im Aether
leuchten, wie trockener Staub winzige Körnchen enthält.
Vieles erlitt ich, das schlimmer gewesen als glaubhaft. Obwohl es
mir wahrhaftig geschah, hält es doch keiner für wahr.
Aber ein füglicher Teil hat dennoch mit mir zu sterben,
und ich bestehe darauf, daß ihn mein Schweigen verhüllt.
Wär meine Brust auch fester als Erz, meine Stimme nicht kleinlaut,
stünden mir Zunge und Mund vielmals vermehrt zu Gebot,
hätte ich dennoch nicht Grund, auch alles in Worte zu fassen,
weil die Gestaltungskraft solch einem Stoff unterliegt.
Statt des Neritiers Leiden beschreibt, ihr belesenen Dichter,

lieber die meinen, denn ich duldete mehr noch als er!
Irrte er doch zwischen Iliums und Dulichiums Städten
nur auf schmalem Raum mehrere Jahre umher.
Ich aber muß das Meer unter allen Gestirnen durchmessen
bis zu den Geten hin an den sarmatischen Strand.
Jener besaß verläßliche Leute und treue Gefährten;
ich bin verbannt, und mich läßt jeder Gefährte im Stich.
Jener suchte nur immer die Heimat, frohlockend und siegreich;
ich, geschlagen, geschmäht, muß aus dem Vaterland fliehn.
Nicht in Dulichium, Ithaka, Samos bin ich zu Hause
– Strafe wäre es kaum, wenn ich nur diese nicht seh! –
sondern in Rom, das von sieben Hügeln aus über den Erdkreis
blickt, das die Welt beherrscht, Heimstatt der Götter zugleich!
Jener war körperlich stark und geübt im Erdulden von Mühsal;
meine Kraft ist erschöpft, ich bin nur schwach und verwöhnt.
Unablässig hat jener die schrecklichen Waffen betätigt;
ich war immer gewohnt, friedliche Dinge zu tun.
Mich hat ein Gott unterworfen, kein Gott erleichtert mein Schicksal;
ihm hat die Göttin des Kriegs mancherlei Hilfe gebracht.
Ist nicht geringer als Jupiter der, dem die Wellen gehorchen?
Neptuns Zorn traf ihn, mich aber Jupiters Zorn!
Außerdem ist der größte Teil seiner Qualen erdichtet,
während mein Leidensbericht keine Erfindung enthält.
Endlich berührte doch jener noch seine ersehnten Penaten
und erreichte das Land, das er so lange gesucht.
Ich aber muß auf immer die Erde der Heimat entbehren,
wenn der beleidigte Gott nicht sich beschwichtigen läßt.

VI

Lyde wurde nicht so geliebt von dem klarischen Dichter,
Bittis nicht so begehrt von ihrem Dichter aus Kos,
wie ich, meine Gemahlin, dich im Herzen behalte,
die einen froheren Mann, nicht einen bessern, verdient.
Als ich zusammenbrach, da stütztest du mich wie ein Pfeiler.
Deinem Liebesdienst danke ich, was ich noch bin.
Du hast denen verwehrt, mich zu plündern und mich zu berauben,
die nach den Trümmern des Schiffs griffen, sobald es zerbrach.
Wie ein gieriger Wolf, vom Hunger getrieben, voll Blutdurst
um einen Schafsstall schleicht, den man zu wenig bewacht,
oder wie ein gefräßiger Geier sich umschaut, damit er
einen Kadaver erspäht, den keine Erde bedeckt,
so hat sich einer – ich weiß nicht, wer, er mißbrauchte mein Unglück –
an meine Güter gewagt. Du aber standest davor!
Diesen verjagtest du standhaft im Bunde mit tapferen Freunden,
denen ich würdigen Dank leider nicht abstatten kann.
Einer, so glaubhaft wie elend, kann also noch für dich einstehn,
hat noch ein Zeugnis Gewicht von einem Manne wie dem.
Weder dem Weib des Hektor noch Laodamia, die ihrem
Gatten gefolgt in den Tod, stehst du an Lauterkeit nach.
Wär dem mäonischen Seher von dir schon Kunde geworden,
wiche Penelopes Ruhm hinter dem deinen zurück.
Unter den heiligen Heldinnen wärest du sicher die erste, 33
und auch an Güte des Geists gingest du allen voran. 34
Entweder schöpfst du die Güte aus dir, keines Lehrers bedürftig, 23
und mit dem Tag der Geburt war dir die Tugend zuteil,
oder die Erste der Frauen, die du schon immer verehrtest,

hat dir als Beispiel gedient, wie sich die Gattin bewährt,
hat mit der Zeit, wenn Vergleiche von Kleinem mit Großem erlaubt sind,
dich sich ähnlich gemacht durch den vertrauten Verkehr.
Ach! Daß meine Gesänge nicht größere Kräfte entwickeln,
daß, was du für mich tust, immer mein Wort übertrifft,
daß den lebendigen Schwung, der mich früher einmal erfüllte,
nun mein dauerndes Leid gänzlich erstickt und erdrückt!
Aber soviel es in meinen Kräften steht, dich zu preisen,
sollst du durch meinen Gesang leben in jeglicher Zeit!

VII

Wenn du ein Bild noch besitzt, das meinem Gesicht etwa ähnelt,
nimm mir das Efeulaub, Bacchus' Girlande, vom Haar!
Derlei heitere Zeichen gebühren vergnügten Poeten,
solch ein ehrender Kranz paßt auf die Schläfen mir nicht.
Daß ich dies zu dir sagte, behalte für dich, aber fühl es,
der du am Finger mein Bild trugst und es immer noch trägst
und das Gesicht des teuren Verbannten im rötlichen Glanze
goldener Rahmung jetzt nur noch zu sehen vermagst.
Sagen wirst du vielleicht, sooft du es heimlich betrachtest:
›Ach wie weit ist der Freund Naso von uns nun entfernt!‹
Dank, daß du meiner gedenkst! Allerdings in meinen Gesängen
hast du ein stärkeres Bild. Lies sie, wie immer sie sind!
Doch die Gesänge von Menschengestalten und ihrer Verwandlung
– meine leidige Flucht riß aus dem Werk mich heraus –
habe ich, als ich schied, wie so manches, das ich verfaßte,
selbst, mit eigener Hand, traurig ins Feuer getan.
Und wie im Holzfeuer Thestias einst ihren Sprößling verbrannte,
wie sie als Schwester sich, heißt's, mehr denn als Mutter bewährt,
warf ich die Bücher, damit sie, schuldlos, mit mir zugrunde
gehen, mein eigenes Fleisch, rasch in die rasende Glut,
weil ich vielleicht den Musen verhaßt war wie mein Vergehen,
oder weil es dem Werk noch an Vollendung gebrach.
Da es nicht völlig vernichtet ist, sondern noch immer vorhanden
– einige Male gewiß, glaube ich, schrieb man es ab –,
bitte, verhilf ihm zum Leben, damit den Leser erfreue,
was ich in Muße und Fleiß schuf, und man meiner gedenkt.
Niemand vermag es jedoch mit gebührender Nachsicht zu lesen,

weiß man nicht, daß ich nie letztmalig Hand angelegt.
Während der Arbeit wurde das Werk mir vom Amboß gerissen.
So fehlt dem, was ich schrieb, letzte Verfeinerung noch.
Und ich verlange statt Lob nur Gnade, Leser, denn reichlich
fühle ich mich gelobt, wenn du nicht ganz mich verwirfst.
Nimm auch diese sechs Verse und setze sie, wenn du sie würdig
findest voranzugehn, gleich an den Anfang des Buchs:
›Wenn du die Rollen berührst, die ihren Erzeuger verloren,
gib ihnen, wer du auch bist, Obdach bei euch in der Stadt!
Sei ihnen wohler gesinnt – nicht der Autor ließ sie erscheinen,
sondern vom Grab ihres Herrn wurden sie gleichsam geraubt.
Fehler, die also das unvollendete Werk nun noch aufweist,
hätte ich sicherlich noch, wäre es möglich, getilgt.‹

VIII

Flüsse werden vom Meer nun rückwärts ins hohe Gebirge
strömen, und Sol wird zurück wenden sein Rossegespann.
Sterne entsprießen der Erde, den Himmel wird furchen die Pflugschar,
Flammen entspringen der Flut, Feuer bringt Wasser hervor.
Alles Geschehen wird strikt dem Naturgesetz widersprechen,
nichts in der Welt wird noch wandeln die eigene Bahn.
Nun kommt alles, was ich für ein Ding der Unmöglichkeit ansah,
und es verbleibt nichts mehr, das keinen Glauben verdient.
Dieses verkündige ich, weil gerade der, dessen Beistand
ich im Unglück gebraucht hätte, mich schmählich betrog.
Hast du, Betrüger, mich denn so gründlich vergessen, und warst du
so sehr in Furcht, einmal zu dem Verlornen zu gehn,
daß du nicht wagtest, mich wiederzusehn, in der Schmach mich zu trösten,
und meinem Leichenzug hartherzig gingst aus dem Weg?
Und den heiligen, hochehrwürdigen Namen der Freundschaft:
trittst du mit Füßen ihn wie ein verächtliches Ding?
Fiel ein Besuch dir so schwer bei dem hart getroffnen Gefährten,
und ein paar Worte des Trosts – waren die dir schon zuviel?
Fandest du nicht, wenn mein Fall dir schon keine Träne entlockte,
ein paar Worte, und sei's nur aus erheucheltem Schmerz?
Konntest du das, was Fremde mir tun, mir nicht wenigstens sagen,
wie es die Öffentlichkeit und auch der Volksmund verlangt?
War es am Ende zuviel, in die traurigen Augen zu schauen,
die du nun nie mehr siehst, letztmals, solang es erlaubt,
und was in Ewigkeit nie uns wieder vergönnt ist: zu hören
mein Lebewohl und, im Ton ähnlich, zu danken dafür?

Andere taten es doch und stehn mir nicht sonderlich nahe,
haben mit Tränen gezeigt, daß mein Geschick sie berührt.
Wenn wir nicht durch häufigen Umgang, gewichtige Gründe,
Jahre der Freundschaft verknüpft wären, was würdest du tun,
hättest du nicht so oft mich ernst oder scherzend gesehen,
kennte ich nicht auch dich scherzend und ebenfalls ernst?
Was, wenn in Rom ich der einzige wäre, der dir vertraut ist,
der zusammen mit dir allerlei Orte besucht?
Hat sich das wirkungslos alles im Wind über Meeren verloren?
Schlang denn das alles der Fluß Lethe hinab auf den Grund?
Du entstammst nicht, glaub ich, der freundlichen Stadt des Quirinus,
meiner Stadt! – die mich nie wieder zurückkehren sieht,
sondern den Felsen hier am linken Gestade des Pontus,
Skythiens wildem Gebirg oder sarmatischen Höhn,
und dein Herz ist ganz von versteinerten Adern umflochten,
deine gefühllose Brust trägt eine eiserne Saat.
Und die einst als Amme den zarten Gaumen dir letzte,
die dir die üppige Brust gab – eine Tigerin war's!
Sonst nämlich würde mein Unglück nicht so fremd dir erscheinen,
und ich hätte dir nicht Härte zum Vorwurf gemacht.
Weil aber nun zu den Schicksalsschlägen auch dieses sich einstellt,
daß die frühere Zeit aus ihrem Rhythmus gerät,
sorge dafür, daß ich endlich vergesse, wie schäbig du handelst,
und mit dem Mund, der jetzt klagt, rühme, wie sehr du mir hilfst!

IX

Mögest du unangefochten das Ziel deines Lebens erreichen,
der du beim Lesen mein Werk jetzt ohne Mißgunst genießt!
Könnte für dich mein Gebet doch wenigstens etwas erwirken,
das, wenn es mich nur betrifft, nie zu den Göttern gelangt!
Freunde zählst du gar viele, solange das Glück dir geneigt ist.
Kommt eine finstere Zeit, dann bist du völlig allein.
Siehst du die Tauben? Sie fliegen so gern auf die sonnigen Dächer,
während der schmutzige Turm keinem der Vögel gefällt.
Ameisen wandern nie zu den leeren Scheunen der Armen.
Nie mehr besucht dich ein Freund, wenn du verlierst, was du hast.
Wie in der Sonne den Gehenden immer ein Schatten begleitet,
der aber sofort flieht, wenn sie in Wolken sich birgt,
folgen die unbeständigen Leute dem Lichtschein des Glückes,
machen sich aber davon, tritt eine Wolke davor.
Möge dir dies, das wünsch ich dir, immer als Irrtum erscheinen;
meine Erfahrung beweist, daß es in Wahrheit so ist.
Reichlich hatte ich Gäste, solang es mir gut ging, im Hause,
das zwar nicht anspruchsvoll war, aber bekannt immerhin.
Kaum jedoch kam es ins Wanken, befürchteten alle den Einsturz,
waren sofort auf der Hut, drängten gemeinsam zur Flucht.
Und es erstaunt mich nicht, wenn der Blitz sie erschreckt, der ja immer
in seiner Nachbarschaft alles mit Feuer versengt.
Aber den Freund, der im bitteren Unglück dennoch zum Freund hält,
achtet der Cäsar, und sei noch so verhaßt ihm sein Feind.
Zürnen ist nicht seine Art – denn besonnener findest du keinen –,
wenn man die Liebe bewahrt dem, der in Ungnade fiel.
Thoas gewährte, erzählt man, sobald er hörte, Orestes

sei sein argolischer Freund, Pylades auch seine Gunst.
Welch eine Treue der Enkel des Actor dem großen Achilles
hielt, hat Hektors Mund immer aufs neue gelobt.
Daß der redliche Theseus dem Freund zu den Manen gefolgt ist,
hat in dem Tartarusgott, sagt man, das Mitleid geweckt.
Über die Treue des Nisus und die des Euryalus flossen,
Turnus, dir, wie man glaubt, Tränen die Wangen herab.
Elenden Schonung gewähren, das schätzt man als Tugend des Feindes.
Wehe, wie wenige doch hab ich mit Worten bewegt!
So also steht es um mich, so aussichtslos ist meine Lage,
daß mein Tränenstrom niemals ein Ende erreicht.
Aber obwohl ich zutiefst mein Unglück betrauere, bringt es
heiteres Licht in mein Herz, wenn sich dein Wohlstand noch hebt.
Daß es so komme, mein Teuerster, konnte ich damals schon sehen,
als du mit deinem Schiff fuhrst unter schwächerem Wind.
Hat die Gesittung und hat ein Leben, das frei ist von Schande,
noch einen Wert, so gebührt keinem ein höherer Rang.
Oder sofern in den edlen Künsten jemand herausragt:
welchen Prozeß du auch führst – deine Beredsamkeit siegt.
Davon beeindruckt habe ich dir beizeiten verheißen:
›Freund, auf dein großes Talent wartet die Öffentlichkeit!‹
Weder die Eingeweide der Schafe noch Donner zur Linken
sagten es mir, noch auch Vögel mit Stimme und Flug.
Auch die Vernunft prophezeit und vermag die Zukunft zu deuten:
Ahnungen gab sie mir ein, Kenntnisse hab ich durch sie.
Dir und mir selbst gratuliere ich herzlich, da es nun eintraf,
daß dein besondres Talent nicht im Verborgenen blieb.
Hätte das meine sich doch so tief wie möglich verborgen!
Nützlicher wär's meiner Kunst, bliebe das Licht ihr erspart.
Und wie die ernsten Künste dir nützen, du Meister der Rede,
haben die heiteren mir weidlich zum Schaden gereicht.

Aber du kennst ja mein Leben und weißt, die Gesittung des Autors
hielt von den Künsten ihn fern, die er mit Worten beschrieb,
weißt, daß ich jung war und spielerisch nur das uralte Lied sang.
Wenn es auch Lob nicht verdient, macht es doch immerhin Spaß.
Also kann mich Beschönigung nicht vor dem Vorwurf bewahren,
doch als Entschuldigung reicht sie wohl, glaube ich, aus.
Nimm sie denn hin, so du kannst, und gib deinen Freund nicht verloren!
Glücklich verlaufe dein Weg, wie du ihn einmal begannst!

X

Obhut der blonden Minerva erfleh ich für jetzt und für immer
meinem Schiff, das ein Helm ziert als sein Name und Schmuck.
Wenn es die Segel bewegen, so eilt es beim leisesten Lufthauch,
wenn es das Ruder bewegt, gibt ihm der Ruderer Schwung.
Und wie im Flug überholt es nicht nur seine Begleiter –
wer ihm beliebig voraus segelt, den holt es noch ein.
Stürmische See übersteht es, hält stand den sich türmenden Wogen,
niemals zerschellt es, besiegt von einem wütenden Meer.
Erstmals sah ich es nahe Korinth im Hafen von Cenchrae;
seither geleitet es treu mich auf der hastigen Fahrt.
Und in so mancher Gefahr, zwischen Wogen, die widrige Winde
peitschten, gab Pallas ihm stets sicheren göttlichen Schutz.
Sichere Fahrt durch die Mündung des schrecklichen Pontus erfleh ich
auch nun, und daß es sein Ziel findet am getischen Strand.
Als ich hinüber ins Meer der äolischen Helle gebracht war
und es den Weg überwand, der in die Meerenge führt,
wandte ich mich nach links und gelangte von Hektors Geburtsstadt,
imbrische Erde, zu dir, ging dort im Hafen an Land.
Dorther erreichte mit sanftem Wind ich den Strand von Zerynthos,
lief mein ermüdetes Schiff Samos in Thrakien an.
Wer nach Tempyra will, hat es dort einen Sprung gegenüber.
Bis dahin ist das Schiff seinem Gebieter gefolgt.
Lust überkam mich, zu Fuß das bistonische Land zu durchwandern,
während den Hellespont nochmals mein Schiff nun durchmaß.
Dardanos war sein Ziel, das vom Gründer den Namen ererbte,
Lampsakos auch, das der Gott schützt, der die Felder bewohnt,
Sestos sodann, wo das Meer sich verengt, das die Jungfrau ertränkte,

nur durch den schmalen Kanal noch von Abydos getrennt.
Weiter fuhr es nach Kyzikos an der propontischen Küste,
das man so rühmt, weil es einst schuf das Hämoniergeschlecht,
und nach Byzanz, wo die Ufer zum Eingang des Pontus sich öffnen:
Hier ist das mächtige Tor zwischen dem doppelten Meer.
Glückliche Durchfahrt erfleh ich, und helfe ein kräftiger Südwind,
daß es in munterer Fahrt durch die Cyanen gelangt
und an den Buchten von Thynia, dann an der Stadt des Apollo
und an der Festung vorbei, die sich Anchialos nennt.
Auch an den Häfen Mesembrias und an Odessos vorüber
segle es dann, an den Höhn, die man nach Bacchus benennt,
und an der Siedlung, die Flüchtlinge aus Alcathous' Mauern
hier, so erinnert man sich, bauten in diesem Gebiet.
Wohlbehalten erreiche es dann die milesische Gründung:
Dorthin hat mich der Gott, der mich erzürnte, verbannt.
Wenn mein Wunsch sich erfüllt, wird Minerva ein Lämmchen geopfert.
Größere Opfer erlaubt, was ich besitze, nicht mehr.
Söhne des Tyndaros, Brüder – euch huldigt man hier auf der Insel –
gebt meinem zwiefachen Weg bitte ein sanftes Geleit!
Denn durch die Symplegaden muß von den Schiffen das eine,
durch die bistonische Flut bahnt sich das andre den Weg.
Wenn wir verschiedene Wege auch nehmen, ihr Götter, dem einen
wie dem anderen auch helft mit geeignetem Wind!

XI

Welchen Brief du auch nahmst aus dem Büchlein, um ihn zu lesen,
sorgenvoll habe ich sie alle verfaßt unterwegs.
Manchmal sah mich im eisigen Monat Dezember mit Zittern
schreiben die Adria mitten in Wasser und Sturm,
oder ich schrieb nach dem Marsch durch die Landenge zwischen den Meeren,
als ich ein anderes Schiff nahm für die weitere Fahrt.
Daß ich im wilden Getöse der See noch Verse verfaßte,
hat die Kykladen gewiß in der Ägäis erstaunt.
Wundern muß ich mich selber nun, daß ich nicht in den schweren
Stürmen von Meer und Gefühl meine Begabung verlor.
Stumpfsinnig nenne man solch einen Eifer oder auch krankhaft;
doch die Beschäftigung bringt Linderung meinem Gemüt.
Oftmals war ich geschüttelt vom stürmischen Sternbild der Böcke,
drohend wurde das Meer oft durch das Siebengestirn,
und der Hüter der Großen Bärin schwärzte die Tage,
oder es peitschten im Süd spät die Hyaden die Flut.
Meerwasser spritzte herein, doch ich schrieb mit zitternden Fingern;
irgendwie brachte ich stets meine Gesänge voran.
Nordwind braust nun auch in den straffgezogenen Tauen,
während das Wasser sich wölbt und wie ein Berg sich erhebt.
Und der Steuermann selber streckt zu den Sternen die Hände,
Hilfe erflehend, denn nichts gilt ihm die eigene Kunst.
Und wohin ich auch seh, da ist nichts als der Anblick des Todes.
Schwankend fürchte ich ihn, wünsche ihn ängstlich zugleich.
Wenn ich den Hafen erreiche, dann ist er ein Hafen des Schreckens.
Mehr als auf feindlichem Meer bin ich an Land in Gefahr.

Denn die Tücke der Menschen und die des Meeres bedrohn mich
beide, und doppelte Angst machen mir Woge und Schwert.
Dieses, so fürchte ich, hofft durch mein Blut noch Beute zu machen,
jene frohlockt, daß mein Tod Ehre und Ruhm ihr verschafft.
Links ist das Land barbarisch, gewöhnt an das Räubergesindel,
Mord und Totschlag und Krieg kommen dort jederzeit vor.
Mag sich das Meer im Wintersturm noch so wütend gebärden –
stürmischer als das Meer ist meine eigene Brust.
Desto verzeihlicher mußt du, geneigter Leser, es finden,
wenn nun das, was du liest, nicht deine Hoffnung erfüllt.
Dies hab ich nicht wie einst in meinem Garten geschrieben.
Nicht auf dem Bett, das er kennt, ruht sich mein Körper jetzt aus.
Sondern mich schüttelt das schäumende Meer im Dämmer des Winters,
und der bläuliche Gischt spritzt mir sogar auf das Blatt.
Böse bestürmt mich der Winter, empört, daß ich wagte zu schreiben,
während er ständig mich ohne Erbarmen bedroht.
Stärker erweist als ein Mensch sich der Sturm. Ich beschwöre ihn aber:
Wenn ich nun mein Gedicht schließe, dann ruhe auch er!

Zweites Buch

Ach, ihr Büchlein, was seid ihr mir mehr als vergebliche Mühen,
da ich ins Elend gestürzt bin durch mein eignes Talent?
Warum ruf ich euch Musen, Verfluchte, zurück, mein Verderben?
War es nicht einmal genug, daß ich der Rache verfiel?
Dichtungen brachten es mit sich, daß Frauen und Männer begehrten,
mich zu kennen, und doch stand mir nichts Gutes bevor.
Dichtungen zogen zuletzt auch des Cäsars Augenmerk auf sich,
und er schloß von der ›Kunst‹ auf meinen Anstand und mich.
Nimm mir das Dichten, so nimmst du auch meinem Leben den Makel.
Verse, ich gebe es zu, haben mich schuldig gemacht.
Diesen Lohn meiner Sorgfalt und all meiner nächtlichen Arbeit
hab ich empfangen: Zur Qual wurde mir nun mein Talent.
Wäre ich weise, ich haßte, und dies mit Recht, die gescheiten
göttlichen Schwestern. Gefahr bringen sie dem, der sie ehrt.
Nun aber – dieser Wahnwitz verfolgt mich wie eine Krankheit –
setze ich wieder den Fuß auf den gefährlichen Stein,
so als erschiene besiegt noch einmal auf dem Kampfplatz der Fechter
und das gescheiterte Schiff wieder im wogenden Meer.
Sollte mir auch wie einst dem Herrn des teuthrantischen Reiches
Heilung bringen vielleicht das, was die Wunde mir schlug?
Wäre die Muse geeignet, den Zorn, den sie schürte, zu mildern?
Mächtige Götter sind oft schon durch Gesänge versöhnt.
Selbst der Cäsar verlangt, daß ausonische Mütter und Töchter
Lieder singen der Ops, die sich mit Türmen gekrönt.
Auch den Phoebus ließ er besingen aus Anlaß der Spiele,
die ein einziges Mal jedes Jahrhundert erblickt
Nimm das als Beispiel, daß meine Begabung, gnädigster Cäsar,

deinen Zorn gegen mich milder zu stimmen vermag.
Grund ist vorhanden, gewiß, und ich leugne nicht, Zorn zu verdienen.
Nicht in solch einem Maß wich mir die Scham vom Gesicht.
Was aber könntest du, hätte ich nichts verschuldet, verzeihen?
Grund also gab dir mein Los, daß du dich gnädig erweist.
Schickte bei jedem Vergehen der Menschen Jupiter Blitze,
schon in kürzester Zeit stände er waffenlos da.
Ist nun sein Donnern verrollt, erschreckte sein Poltern den Erdkreis,
scheucht er den Regen davon, heitert die Luft wieder auf.
Deshalb nennt man zu Recht ihn den Vater und Herrscher der Götter,
und nichts Größres als ihn kennt die geräumige Welt.
Der du dich Herrscher und Vater des Vaterlands nennen läßt, handle
ebenso wie der Gott, dem du den Namen entlehnst!
Und ich bin sicher, du tust es! Besonnener hielt ja auch niemand
jemals die Zügel der Macht in seinen Händen als du.
Oftmals gewährtest du Gnade dem eben bezwungenen Gegner,
der sie, wäre er selbst Sieger, dir sicher versagt.
Viele auch sah ich mit Gütern und Ehrungen reichlich versehen,
die sich mit Waffengewalt dir widersetzten zuvor.
Gleich mit dem letzten Kriegstag verlorst du den Ingrimm des Krieges.
Beide Parteien zugleich haben die Tempel beschenkt.
Und wie es deine Soldaten erfreut, daß der Feind nun besiegt ist,
hat, da er dir unterlag, Grund auch zur Freude der Feind.
Besser noch steht es um mich! Denn mich trifft kein Vorwurf, ich wär den
Waffen des Gegners gefolgt, hätte den Feind unterstützt.
Bei dem Meer, bei der Erde, beim Gott der Unterwelt schwör ich
und bei dir, der du dich zeigst als ein sichtbarer Gott:
Dir, erhabenster Mann, war stets meine Seele gewogen,
und ich gehörte dir, wie ich's vermochte, im Geist.
Wünschend, du steigest erst spät dereinst zu den Sternen auf, war ich

in der Menge, die dies hofft, nur ein winziger Teil.
Fromm verbrannte ich Weihrauch für dich, und meine Gebete
fügte ich denen hinzu, die man im Volk für dich spricht.
Wozu erwähne ich, daß meine Bücher an zahllosen Stellen,
die auch, die du mir verargst, voll sind von deiner Person?
Prüfe das größere Werk, das ich unvollendet zurückließ:
Wie auf unglaubliche Art manche Verwandlung geschieht.
Wie ich deiner Familie huldige, wirst du dort finden,
mancherlei Bürgschaft auch meiner Gesinnung für dich.
Nicht durch Gedichte vermag dein Ruhm noch zu wachsen; es gibt nichts,
das ihn höher erhebt oder ihn weiter vermehrt.
Jupiter braucht keinen Ruhm. Doch Freude macht es ihm dennoch,
wenn man besingt, was er tat, und ein Gedicht auf ihn macht,
und wenn man ihn an die Schlachten im Krieg der Giganten erinnert,
stimmt es ihn, daß man ihn preist, sicherlich heiter und froh.
Du wirst von anderen lautstark, wie es dir zukommt, gefeiert,
einfallsreicher als ich singen die andern dein Lob.
Doch einen Gott überzeugt es wie Blut, das aus einhundert Stieren
strömt, wenn man ihm durch ein Lot Weihrauch die Ehre erweist.
Ha! Mein gefährlichster Feind war, grausamer noch als die andern,
der mein schlüpfriges Werk, wer es auch war, dir verlas!
Denn meine Bücher enthalten so manches Gedicht, das dich feiert.
Kämen sie dir zu Gesicht, sprächen sie besser für mich.
Aber wenn du mir grollst, wer könnte wohl dann noch mein Freund sein?
Damals hatte ich mich beinahe selber zum Feind.
Wenn ein Haus aus dem Gleichgewicht kommt, das ein Erdstoß erschüttert,
legt das gesamte Gewicht sich auf den Teil, der sich neigt;
dann genügt schon ein Riß, und das Ganze bricht auseinander,

stürzt zusammen in sich unter der eigenen Last.
Ebenso macht mein Gedicht mich den Leuten verhaßt, und die Menge
zog dasselbe Gesicht, was ihre Pflicht war, wie du.
Doch meinen Lebenswandel, ich weiß es noch, hast du gebilligt,
als mit dem Pferd, das du gabst, ich zur Parade erschien.
(Wenn mir das jetzt nichts nützt und ich nie mehr zu Ansehen komme,
trifft mich dennoch darin niemals ein Vorwurf zu Recht.)
Und ich trug auch nicht schlecht um das Los der Beschuldigten Sorge,
und ich verhandelte gut vor dem Geschwornengericht.
Tadellos urteilte ich in privaten Dingen als Schiedsmann.
Auch die besiegte Partei nannte mich immer gerecht.
Unglücklich bin ich! Dann wäre zuletzt nicht das Unheil gekommen,
hätte dein Urteil mich öfter als einmal geschützt.
Mich vernichtet dein letzter Spruch, und ein einziger Sturmwind
bohrt mein Schiff in den Grund, das so oft unversehrt blieb.
Nicht ein paar Spritzer des Meeres durchnäßten mich nur, sondern alle
Wasser, der Ozean, stürzten herab auf mein Haupt.
Warum schaute ich hin? Weshalb wagte ich sträfliche Blicke?
Ahnungslos war ich – warum ward mir der Fehltritt bekannt?
Unabsichtlich erblickte Actaeon die nackte Diana.
Sie aber hat auf ihn trotzdem die Hunde gehetzt.
Also lassen die Himmlischen auch einen Zufall uns büßen.
Ist eine Gottheit gekränkt, spricht uns kein Mißgeschick los.
Jener Tag, an dem eine schlimme Verirrung mich lockte,
stürzte ein Haus, das gering, aber doch makellos war,
so gering allerdings, daß es seit den Vätern der Vorzeit,
vornehm wie andere auch, einiges Ansehn genießt.
Und wenn es weder durch Reichtum noch Armut besonders herausragt,
(wenn die Ritterschaft auch gilt als der mittlere Stand,
ist mein Haus nur gering an Vermögen und Einfluß auf Ämter,)

hat meine Kunst doch bewirkt, daß es nicht unbekannt blieb.
Zu überschwenglich hab ich dies freilich, so scheint es, genossen,
überall in der Welt wurde mein Name berühmt,
Naso kennt man im Kreis der Gebildeten, Männern, die niemand
stolz zurückweisen kann, zählt man ihn wohlwollend zu.
Also ging dieses Haus, dem die Musen gewogen sind, unter,
durch eine einzige Schuld, die aber schwerwiegt, gestürzt.
Aber es kann, wenn der Zorn des beleidigten Cäsar erst nachläßt,
nach einem solchen Sturz doch vielleicht wiedererstehn.
Ließ er beim Maß meiner Strafe doch so viel Gnade noch walten,
daß sie nach all meiner Angst mäßig und sanft mir erschien.
Leben durfte ich! Und dein Zorn machte Halt vor dem Tode.
O wie behutsam gebrauchst, Princeps, du deine Gewalt!
Überdies nahmst du mir nicht das vom Vater ererbte Vermögen,
gleichsam, als wärs nicht genug, daß du das Leben mir schenkst.
Weder verurteiltest du, was ich tat, durch Beschluß des Senates,
noch hat ein Richterspruch mich in die Verbannung geschickt.
Mich mit erbitterten Worten bestürmend – so ziemt es dem Princeps –
hast du, was dich so tief kränkte, gebührend gerächt.
Und deine Anordnung war, wiewohl sehr unwirsch und drohend,
was die Bezeichnung betrifft, trotzdem als Strafe noch sanft:
Zwar aus dem Land ›relegiert‹, soll ich dennoch nicht heimatlos heißen;
also erhält mein Geschick gar ein besonderes Wort.
Einen Besonnenen, der bei Verstand ist, ereilt keine schlimmre
Strafe zwar, als der Fall, daß er dem Herrscher mißfiel,
aber nach einiger Zeit läßt die Gottheit sich meistens versöhnen;
hat das Gewölk sich zerstreut, kommt auch ein heiterer Tag.
Einmal sah ich vom Weinlaub der Rebe umrankt eine Ulme,
die zuvor schwer vom Blitz Jupiters heimgesucht war.
Solltest du selbst mir zu hoffen verbieten, ich werde doch hoffen!
Diesem Verbot allein darf ich mich jetzt noch entziehn.

Mächtige Hoffnung nährst du in mir, du gnädigster Princeps,
aber die Hoffnung sinkt, denk ich zurück, was ich tat.
Und wie der Sturm, der die Lüfte erschüttert, nicht immer mit gleicher
Heftigkeit wütet und auch nicht ohne Unterlaß tobt,
sondern zuweilen sich legt und verharrt mit plötzlicher Stille,
daß du vermeinst, seine Kraft wäre nun endlich erschöpft,
ebenso schwinden und kehren zurück meine Ängste und wechseln,
Hoffnung, du wolltest mir wohl, nähren sie – zehren sie auf.
Bei den Unsterblichen denn, die lange Zeit dir gewähren
werden, sofern dem Ruhm Roms ihre Liebe noch gilt,
und beim Vaterland, das dank deiner in Frieden geschützt ist,
dem ich noch kürzlich als Teil angehört habe im Volk:
Gebe dir stets, wie es dir durch Taten und Sinnesart zukommt,
Rom voll Dankbarkeit solcherlei Liebe zurück!
Livia lebe mit dir noch viele gemeinsame Jahre!
Keines Gemahls außer dir hat sie sich würdig gezeigt.
Wäre sie nicht, so müßtest du unverheiratet leben,
denn keiner anderen sonst könntest du angetraut sein.
Wohl ergehe es dir und auch deinem Sohn, der im Alter,
wenn du ein Greis bist, mit dir einstmals regiere das Reich!
Mögen die Enkel, das junge Gestirn, wie sie jetzt schon bestrebt sind,
nur ihrem Vater und dir folgen mit dem, was sie tun!
Zeige Victoria sich wie gewohnt auch jetzt deinen Heeren
günstig, den Feldzeichen nach eile sie, die man schon kennt,
ihren vertrauten Flügelschlag spüre Ausoniens Herrscher,
Lorbeer flechte sie dem zwischen sein schimmerndes Haar,
der jetzt Krieg für dich führt und für dich die Schlachten entscheidet,
dem du den Oberbefehl und deine Schutzgötter gibst,
daß du halb in der Hauptstadt bist und dich um sie kümmerst,
halb aber weit entfernt schreckliche Kriege bestehst.
Er soll die Feinde bezwingen und komme als Sieger nach Hause,

und auf bekränztem Gespann fahre er, strahlend erhöht!
Schone mich bitte, laß ruhen den Blitz, deine grimmige Waffe,
ach, ich habe sie schon allzu empfindlich gespürt!
Vater des Vaterlands, schone mich, dieses Namens gedenkend,
nimm mir die Hoffnung nicht, daß du mir künftig verzeihst!
Nicht um die Heimkehr bitte ich, haben auch oft schon die Götter
Größeres, glaube ich wohl, als man erflehte, gewährt.
Milder und näher sei der Ort der Verbannung! Gewährst du
diese Bitte, so wird leichter die Strafe für mich.
Unter die Feinde geworfen, muß ich das Äußerste leiden,
kein Verbannter ist wohl weiter vom Vaterland fort.
Mich allein schickt man zur Mündung des siebenarmigen Hister,
wo mich der eisige Pol, wo mich Kallisto schon streift.
(Kolchier, Geten, Jazygen und metereïsche Horden
hält die Donau kaum mit ihren Wassern zurück.)
Und wenn du andere aus noch schwereren Gründen verbanntest,
keinem befahlst du ein Land, weiter entlegen als meins.
Ferner begegnet hier nichts als Frost und feindliche Völker
und die Brandung der See, die in der Kälte erstarrt.
Hier ist des linken Euxinus römische Hälfte zu Ende,
fängt der Bastarner Gebiet und das sarmatische an.
Unter ausonisches Recht kam dieses Gebiet erst vor kurzem,
kaum daß es deinem Reich anhängt am äußersten Rand.
Demütig bitte ich: Schick mich von hier in sichere Gegend,
laß mit der Heimat mir nicht auch noch den Frieden entziehn!
Nimm mir die Angst vor den Horden, die kaum der Hister noch fernhält,
daß nicht am Ende der Feind mich, deinen Bürger, verschleppt!
Daß ein Mensch von latinischem Blut, solange ein Cäsar
lebt, der Barbaren Gewalt leiden muß, wäre nicht recht.
Zweierlei war mein Verderb: Eine Dichtung und eine Verirrung.

Schweigen muß ich jedoch über das eine Vergehn.
Denn es steht mir, Cäsar, nicht zu, dich erneut zu verletzen,
ist es doch mehr als zuviel, wenn man dich einmal nur kränkt.
Übrig bleibt noch das andre: daß ich, so der Vorwurf, ein Lehrer
schamlosen Ehebruchs sei durch ein unsittliches Buch.
Ist es wohl möglich, läßt eine göttliche Seele sich täuschen,
muß dir manches denn doch, weil es zu klein ist, entgehn?
Und wie es Jupiter, der die Götter beschützt und den hohen
Himmel, an Muße gebricht, auch auf Geringes zu schaun,
können auch dir, indes du den Erdkreis, der von dir abhängt,
aufmerksam überblickst, mindere Sorgen entgehn?
Solltest du wirklich, der Princeps, den Platz des Herrschers verlassen,
wenn man im wechselnden Takt dir meine Dichtung verliest?
Nicht so mühelos trägst du die Last des römischen Namens,
auf deinen Schultern ruht kein so geringes Gewicht,
daß dir erlaubt wäre, Kraft auf läppisches Spiel zu verschwenden,
daß du, was müßig ich schuf, prüftest mit eigenem Blick.
Bändigen mußt du Pannonien, dann auch Illyriens Küste,
Aufstand in Rätien droht und auch in Thrakien bald.
Frieden erfleht der Armenier, zitternd gibt der berittne
Parther die Feldzeichen ab, Raubgut, die Bogen dazu.
Bald gibt dein Sohn Germanien zu spüren, daß du noch jung bist,
und mit Cäsars Gewalt führt nun der Cäsar den Krieg.
Endlich, damit ein Reich, so groß, wie es nie je bestanden
hat, bis ins einzelne Teil keinerlei Schwankung erfährt,
macht schon die Hauptstadt dich müde, der Schutz der Gesetze und Sitten,
die du den deinen so gern ähnlich zu machen versuchst.
Du kannst die Ruhe, die du den Völkern schenktest, nicht selber
finden und überziehst viele mit rastlosem Krieg.
Ist es bei solch einer Last von Geschäften also ein Wunder,

daß du mein lockeres Werk niemals im Ganzen entrollt?
Doch wenn du Zeit gehabt hättest – das wäre mir lieber gewesen –,
fiele dir keinerlei Schuld in meiner ›Liebeskunst‹ auf!
Freilich, das räume ich ein, nicht ernst ist die Stirn dieses Buches,
und es ist auch nicht wert, daß solch ein Herrscher es liest.
Doch es verletzt darum noch in keinem Punkt die Gesetze.
Ehrbaren römischen Fraun will es ein Lehrbuch nicht sein.
Um deine Zweifel zu tilgen, für wen ich die Büchlein denn schriebe,
flocht ich die folgenden vier Verse in eines der drei:
›Haltet euch fern, ihr zarten Haarbänder, Zeichen der Keuschheit,
breitgesäumtes Gewand du, das die Füße verhüllt!
Nur was erlaubt ist und nur gestattete Listen besing ich,
und meine Dichtung empfiehlt nirgends, Verbotnes zu tun.‹
Hielt ich nicht alle die, denen Haarband und lange Gewänder
derlei verbieten, sogleich strikt von der ›Liebeskunst‹ ab?
›Aber die Ehefrau kann sich der Künste von andern bedienen,
und gelernt ist gelernt, galt auch die Lehre nicht ihr.‹
Nichts dürfte also die Ehefrau lesen, weil jedwede Dichtung
sie dann gelehriger macht, wie sie wohl sündigen kann.
Was sie auch anfaßt, es wird ihre Sitten zum Laster verleiten,
wenn sie nur heftig begehrt, heimlich das Böse zu tun.
Liest sie zum Beispiel – es gibt kein roheres Werk – die ›Annalen‹,
dann erfährt sie, woher Ilia Kinder empfing.
Liest sie den Anfang: ›Mutter der Aeneaden …‹ – so fragt sie:
Wie kann Venus, so hold, Mutter von Sterblichen sein?
(Später, sobald es die Gliederung zuläßt, folgt, wie es sein kann,
daß jede Art von Gedicht schlimme Gelüste erregt.)
Aber das ist kein Grund, das ganze Buch zu verdammen,
nichts bringt Nutzen, das nicht Schaden zu stiften vermag.
Was nützt mehr als das Feuer? Und doch: wer beabsichtigt, Häuser
niederzubrennen, der nimmt dreist auch das Feuer zur Hand.

Manchmal verdirbt Medizin die Gesundheit, doch häufiger heilt sie,
lehrt, welche Pflanze uns hilft, welche uns schädigen kann.
Wie der Räuber legt der bedachtsame Wandrer ein Schwert an.
Mord hat der eine im Sinn, Schutz ist des anderen Zweck.
Redegewandtheit lernt man, gerechte Prozesse zu führen,
doch sie verteidigt den Schuft, Schuldlose prangert sie an.
So also auch mein Gedicht: Mit dem Sinn für das Rechte gelesen,
kann es, wie sich erweist, niemandem Unrechtes tun.
Doch wer nun schließt, ein bißchen lasterhaft sei es, der irrt sich!
Der setzt das, was ich schrieb, allzu gehässig herab.
Gäbe ich derlei zu, so müßten auch Spiele den Leichtsinn
fördern. Also befiehl, daß man die Bühnen zerstört!
Gaben die Schauspieler nicht schon oft zu Verfehlungen Anlaß?
Wozu streut man des Mars Sand auf dem Erdboden aus?
Schaffe den Zirkus ab! Dort ist man vor Frechheit nicht sicher,
wo ein wildfremder Mann neben ein Mädchen sich pflanzt.
Wozu steht wohl ein Säulengang offen, wenn dort Irgendeine
auf und ab spaziert, bis sie ein Liebhaber trifft?
Welcher Ort ist erhabener als ein Tempel? Auch diesen
meide die Frau, wenn sie leicht einer Versuchung erliegt!
Steht sie in Jupiters Haus, so muß sie gewiß daran denken:
Wie viele hat dieser Gott wohl schon zu Müttern gemacht?
Geht sie sodann, um zu beten, hinüber zum Tempel der Juno,
fällt ihr ein, wie oft Jupiter Juno betrog.
Sieht sie Pallas, so fragt sie, wieso denn die Jungfrau den Sprößling
eines Verbrechens erzog, der Erichthonios war.
Kommt sie zum Tempel des mächtigen Mars, den du ihm geweiht hast,
steht dem ›Rächer‹ ganz nah Venus, und draußen ihr Mann.
Sitzt sie im Haus der Isis – sie fragt: Weshalb jagte denn Juno
die durch den Bosporus und das Ionische Meer?

Venus erhörte Anchises und Luna den Helden von Latmos,
Ceres den Iasion auch: Das wird es sein, was sie denkt!
Wer schon mißraten ist, den kann schlechthin alles verderben.
Drum hat dies alles jedoch unangetastet zu sein.
Und von der ›Liebeskunst‹, die ich nur für die Dirnen geschrieben,
weist schon das erste Blatt Leute mit Anstand zurück.
Bricht eine Frau dort ein, wo der Priester den Zugang verbietet,
trifft ja nicht ihn die Schuld, sondern zu strafen ist sie!
Nicht einmal das ist verbrecherisch, schmeichelnde Verse zu lesen.
Mancherlei, was sie nicht tut, liest die gesittete Frau.
Oftmals sieht mit stolzer Entrüstung die Ehefrau Nackte,
wie sie zu jedweder Art Liebe sich feilbieten, stehn.
Käufliche Mädchen kommen Vestalinnen unter die Augen,
ohne daß jemand dafür etwa den Kuppler verklagt.
Aber warum ist meine Muse so überaus zuchtlos?
Oder warum wohl macht lüstern nach Liebe mein Buch?
Nichts als ein Schuldgeständnis meiner Verfehlungen bleibt mir,
und aufs tiefste beschämt sind mein Talent, mein Geschmack.
Warum hab ich nicht lieber noch einmal in Versen behandelt,
wie das argolische Heer Troja den Todesstoß gab?
Warum schwieg ich von Theben, dem wechselnden Totschlag der Brüder,
und von den Toren und wie jedes der sieben sich hielt?
Auch das streitbare Rom ist nicht arm an lohnenden Stoffen,
und wer die Heimat besingt, liefert ein heiliges Werk.
Schließlich, da alles, Cäsar, geprägt ist von deinen Verdiensten,
war es an mir, daß mein Lied auch einen Teil davon preist,
und wie die Strahlen der Sonne die Augen verlocken, so hätten
deine Taten auf sich besser mein Denken gelenkt.
Aber was klag ich mich an! Ich beackere dürftigen Boden.
Für ein solches Werk müßte ich fruchtbarer sein.

Denn dem offenen Meer zu vertrauen, wäre nicht ratsam
für ein Boot, das im See nur sich zu schaukeln getraut.
Ich bewältige wohl nur leichtere Verse – auch daran
zweifle ich noch, und darum reicht mir das kleinere Maß.
Wolltest du, daß ich besinge, wie Jupiters Blitz die Giganten
bändigt – ich wäre gelähmt schon durch die Last des Versuchs.
Reicher Begabung bedarf, wer die herrlichen Taten des Cäsar
festhält, sonst überragt immer der Stoff noch das Werk.
Trotzdem! Ich hab es versucht! Doch es klang – und das wäre Frevel –
wie ein Schimpf! Deiner Macht schien es verderblich zu sein!
Wieder befaßte ich mich mit den leichten Gedichten der Jugend,
Liebe bewegte mein Herz, freilich erdichtete nur.
Ach, ich wollte es nicht. Doch mein Schicksal war voll Verlockung,
bis als Bestrafung sich meine Begabung erwies.
Weh, daß ich lernte! Wozu denn gaben die Eltern mir Bildung!
Hätte kein Buchstabe doch je meine Augen erreicht!
Solch ein Leichtsinn machte mich dir verhaßt, und du meintest,
daß meine ›Liebeskunst‹ lehrt, wie man Ehebruch treibt.
Aber ich war nicht der Mann, ein Geheimnis Vermählte zu lehren;
wo man zu wenig versteht, kann man nicht Lehrmeister sein.
Schrieb ich doch mein Gedicht auf so heitre, gefällige Weise,
daß mir mein Ansehen kein übles Gerede verdarb.
Und kein Ehemann findet im einfachsten Volk sich, der Zweifel
an seiner Vaterschaft hegt durch einen Fehltritt von mir.
Glaube mir, weit ist von meinem Gedicht mein Wesen verschieden,
sittsam lebe ich wohl, ist auch die Muse verschmitzt,
und ein erheblicher Teil meiner Werke ist unwahr, erfunden,
nahm viel mehr sich heraus, als sich sein Autor erlaubt.
Auch ist das Buch kein Indiz der Gesinnung. Es will unterhalten
und bringt vorwiegend das, was unsre Ohren ergötzt.
Accius wäre ein Scheusal sonst, und Terenz nur ein Schlemmer,

und wer Kriege besingt, müßte auch streitsüchtig sein.
Schließlich machte nicht ich nur zärtliche Liebesgedichte,
aber ich büße allein, daß ich die Liebe besang.
Was hat die Muse von Teos dem alternden Dichter verordnet,
wenn nicht, den Liebesgenuß reichlich zu mischen mit Wein?
Was hat denn Sappho von Lesbos die Mädchen gelehrt außer Liebe?
Sappho ließ man in Ruh und jenen anderen auch.
Dir auch, Kallimachos, war es kein Nachteil, daß du dem Leser
oftmals gestandest, worin deine Genüsse bestehn.
Liebe vermißt man in keinem Lustspiel des heitren Menander.
Jungen und Mädchen jedoch ist die Lektüre erlaubt.
Handelt die ›Ilias‹ nicht von der ungetreuen Gemahlin,
deretwegen ein Krieg unter den Männern entbrannt?
Was ist wichtiger da als die Liebesglut für Briseïs,
wie ein erbeutetes Weib Zorn zwischen Fürsten gesät?
Oder was steht in der ›Odyssee‹? Daß der Gatte verreist ist
und um die Frau eine Schar Freier sich lüstern bewirbt.
Wer, wenn Homer nicht, erzählt, wie man Venus und Mars mit dem Netze,
als sie schamlos im Bett lagen, ertappte und band?
Wüßten wir ohne das Zeugnis des großen Homer von den beiden
Göttinnen, liebend entbrannt für einen sterblichen Gast?
Mehr als die anderen Gattungen zeigt die Tragödie Würde.
Doch aus der Liebe bezieht immer auch sie ihren Stoff.
Zeigt doch ›Hippolytos‹ nichts als der Stiefmutter blindes Begehren.
Weil sie den Bruder geliebt, wurde Kanake berühmt.
Trieb nicht Cupido den Wagen, als Pelops mit beinerner Schulter
auf einem Phrygergespann Hippodamia entführt?
Daß eine Mutter den Dolch mit dem Blut ihrer Kinder befleckte:
Liebe bewirkte das, durch einen Treubruch verletzt!
Liebe verwandelte plötzlich in Vögel den König und seine

Freundin, die Mutter auch, die noch den Itys beklagt.
Hätte dem schändlichen Bruder nicht Aërope gefallen,
läsen wir nicht, daß Sol wendete mit dem Gespann.
Hätte die ruchlose Scylla dem Vater das Haar nicht aus Liebe
abgeschnitten, sie wär keine Tragödiengestalt.
Wer von Elektra liest und vom Wahn des Orestes, der liest auch
davon, was Aegisth mit Klytaemnestra verbrach.
Wozu soll ich den finstern Bezwinger Chimaeras erwähnen,
den sie als Gast beinah tückisch ums Leben gebracht?
Wozu Hermione nennen und dich, Atalanta, und wozu,
die der mykenische Fürst liebte, Kassandra, auch dich?
Oder Andromeda, Danaë und die Mutter des Bacchus,
Haemon oder die Nacht, welche aus zweien entstand?
Oder Admetos, oder den Theseus, oder den ersten
von den Pelasgern, der Iliums Erde betrat?
Iole, die Mutter des Pyrrhus, und Herkules' Frau sollen kommen!
Hylas trete hervor und Ganymedes dazu!
Zeit fehlt, all die Fälle von tragischer Liebe zu nennen.
Platz genug hätte mein Buch kaum für die Namen allein.
Auch die Tragödie reizt mitunter zu schmutzigem Lachen;
streift doch darin manches Wort jegliches Schamgefühl ab.
Folgenlos blieb für den Dichter, Achilles als Weichling zu schildern,
schmälerte dadurch auch tapfere Taten sein Vers.
Hat Aristides nicht die milesischen Laster gesammelt?
Dennoch hat niemand ihn aus seiner Heimat verbannt.
Der es beschrieben hat, wie man die Frucht aus dem Mutterleib abtreibt,
Eubius, Schreiberling jenes verworfenen Buchs,
mußte nicht fliehn, noch der Autor des kürzlich erschienenen Machwerks
›Die Sybaritin‹, noch der, der seinen Beischlaf beschreibt.

Und mit den Werken Gelehrter zusammen stehen sie sicher,
wo sie als Herrschergeschenk jedermann zugänglich sind.
Aber damit ich nicht mit fremden Waffen mich wehre:
Auch manch römisches Buch gibt es, das kurzweilig ist.
Und wie Ennius Kriege besang mit gewichtiger Stimme,
Ennius, groß, was den Geist, roh, was die Machart betrifft,
wie uns Lukrez den Grund des verzehrenden Feuers erläutert
und, daß die dreifache Welt untergeht, schon prophezeit,
so hat Catull recht leichtfertig oft die Geliebte besungen,
die er in seinem Gedicht Lesbia nannte zum Schein.
Nicht zufrieden, verbreitete er manch andere Liebschaft,
gab dabei zu, daß er nie Treue zu halten vermocht.
Calvus, nicht ganz so bedeutend, jedoch in der Dreistigkeit ähnlich,
deckte in manchem Gedicht seine Geheimnisse auf.
Soll ich die Dichtung des Ticida und die des Memmius nennen?
Alles wird schamlos darin bei seinem Namen genannt.
Cinna gehört dazu und Anser, noch frecher als Cinna,
Cato mit seichtem Geschwätz, dem Cornificius gleich,
(die, deren Bücher zuerst mit dem Namen ›Perilla‹ erschienen,
und die, Metellus, jetzt sich deines Namens bedient.)
Der auch, der zu den Wellen des Phasis führte die ›Argo‹,
hat seine heimliche Lust nicht zu verschweigen vermocht.
Und die Gedichte Hortensius' und die des Servius sind nicht
weniger frech. Aber wer zögerte, wenn er sie rühmt?
Flocht nicht Sisenna, als er Aristides frei übersetzte,
manch einen deftigen Spaß in die Geschichte mit ein?
Nicht daß er Lycoris feierte, brachte den Gallus in Schande,
sondern er hielt beim Wein nicht seine Zunge im Zaum.
Schwer erscheint es Tibull, dem Schwur der Geliebten zu glauben,
denn sie verleugnete ihn vor ihrem Gatten auch so.
Daß er die Herrin gelehrt, ihren Wächter zu täuschen, gesteht er,

sagt, daß die eigene List nun seine Seele bedrückt.
Oft, so erzählt er, habe er Ring und Siegel der Herrin
so, daß er auch ihre Hand anfassen konnte, berührt,
habe sich auch mit ihr durch die Finger und nickend verständigt
und auf den Tisch für sie heimliche Zeichen gemalt.
Auch womit man am Körper die bläulichen Flecke entferne,
lehrte er, wie sie der Mund nach einem Kuß hinterläßt.
Schließlich warnt er sogar den unbedachtsamen Gatten
vor sich selbst, damit sie weniger sündigen kann!
Wer da verbellt wird, weiß er, wenn er einsam umherschleicht,
und warum er sich oft reckt vor verschlossenem Tor,
gibt auch mancherlei Rat zu solchem Betrug und belehrt die
Gattin, durch welche List sie ihren Ehemann täuscht.
Niemand verwies ihm das, und Tibull wird immer gelesen,
findet auch Beifall – bekannt ist er, solange du herrschst.
Auch beim koketten Properz wirst du ähnliche Ratschläge finden.
Aber er wurde dafür nicht im geringsten gerügt.
Ihnen folgte ich nach, denn der Anstand gebietet es, daß man
Namen Vortrefflicher nicht, wenn sie noch leben, erwähnt.
Offen gesagt, daß, wo vielerlei Schiffe gefahrlos sich tummeln,
eines zu scheitern droht, habe ich niemals bedacht.
Schriften gibt es sogar von der Kunst mit Würfeln zu spielen –
unseren Vätern galt dies als kein leichtes Vergehn –,
wie man die ›Knöchel‹ verrechnet, mit welchem Wurf du das meiste
schaffst, dem Verlust aus dem Weg gehst, der durch ›Hunde‹ entsteht,
welcherlei Zahlen ein Würfel besitzt, und wie sie verschieden
heißen, sobald man wirft, wie man den Wurf übergibt,
daß der Soldat mit der anderen Farbe stets gradeaus geht,
fällt in der Mitte der Stein zwischen den doppelten Feind,
wann der nächste den Krieg erklärt und den andern zurückholt,
und daß der Flüchtende nie ohne Begleitung marschiert,

daß man das kleine Brett mit je drei Steinchen besetze,
wo man nur dann gewinnt, wenn man die seinen behält.
Und die anderen Spiele – ich will sie nicht weiter verfolgen –,
alle vergeuden nur Zeit, unseren schönsten Besitz.
Sieh doch: Jener besingt uns die Formen und Würfe der Bälle,
dieser die Kunst, wie man schwimmt und wie man spielt mit dem Reif.
Über die Sorgfalt, mit der man sich schminkt, wurde auch schon geschrieben,
über das Tafeln und auch, wie man die Gäste empfängt.
Welcherlei Ton sich für Trinkbecher eignet, beschreibt uns ein andrer,
lehrt, welche Art von Gefäß passe zu lauterem Wein.
Damit vertrödeln sie Zeit im rauchigen Monat Dezember.
Daß er so albernes Zeug schrieb, hat noch keiner gebüßt.
Ich aber ließ mich täuschen und machte unernste Gedichte.
Ernst ist die Strafe jedoch, die für die Scherze mich traf.
Unter so vielen, die schreiben, erblicke ich schließlich nicht einen,
den seine Kunst ruiniert. Mir nur ergeht es so schlimm.
Was aber, hätte ich Schwänke geschrieben voll schmutziger Witze,
wo es nichts anderes gibt als die verbotene Lust?
Wo immerfort ein gepflegter Verführer in Szene gebracht wird
und ein verschlagenes Weib wortreich den Gatten betrügt?
Massenhaft sehen das Mädchen und Frauen, Männer und Knaben,
und es ist meistenteils auch der Senat mit dabei.
Und nicht genug, daß zuchtlose Wörter die Ohren besudeln –
auch wird das Auge gewohnt, schamlose Dinge zu sehn.
Hat eine Frau ihren Mann durch neue Ränke betrogen,
erntet sie Beifall und Gunst, wird ihr die Palme gereicht.
Wenn es am wenigsten taugt, so bringt es dem Dichter Gewinn ein,
kauft doch der Prätor dann teuer das Schandstück ihm ab!
Prüfe, Augustus, die Kosten, die deine Spiele verschlingen:

Vieles in diesem Geschmack findest du, teuer bezahlt.
So etwas sahst du dir an und ließest es andre oft ansehn,
so viel Leutseligkeit bringt deine Würde stets auf!
Mit deinem Blick, dessen Glanz den gesamten Erdkreis erleuchtet,
nahmst du den Ehebruch hin, der auf der Bühne geschah.
Wenn es erlaubt ist, Schwänke zu schreiben, die Schändliches zeigen,
dann hat das Werk, das ich schrieb, weniger Strafe verdient.
Oder beschützt das Brettergerüst ein solches Geschreibsel,
gibt es dem Mimen das Recht, daß er bestimmt, was man darf?
Meine Gedichte stellte man öffentlich auch oft durch Tanz dar!
Oftmals zogen sie so schon deine Augen auf sich.
Nichts ist dabei, daß in euren Palästen die Männer der Vorzeit
mit ihrer schönen Gestalt leuchten, von Künstlern gemalt:
Mancherlei Stellung des Beischlafs, verschiedene Formen der Liebe
stellt ein kleines Bild dar an verschwiegenem Ort,
und des Telamon Sohn, wie er dasitzt, Wahn im Gesichte,
und die Medea, im Blick schon die barbarische Tat.
Oder wie Venus naß mit den Fingern die Haare sich trocknet,
nur in das Wasser gehüllt sieht man sie, das sie gebar.
Kriege, mit blutigen Waffen gewappnet, besingen die andern,
teils deiner Ahnen Verdienst, teils, was du selber vollbringst.
Mißgünstig hat die Natur mich mit engerem Spielraum versehen
und meine Schöpferkraft spärlich mit Nahrung versorgt.
Aber der glückliche Dichter, der deine ›Aeneis‹ verfaßte,
führte Waffen und Mann doch in das tyrische Bett!
Und kein Teil des Epos ist bei den Lesern beliebter
als die Liebe, die hier ohne den Ehebund schwelgt.
Liebesglut, die Amaryllis, die zarte, verspürte und Phyllis,
hat ja als Jüngling auch er ländlich in Versen erzählt.
Lang ist es ebenfalls her, daß ich schrieb, was mir jetzt so verargt wird,
und für verjährte Schuld werde ich heute bestraft.

Schon war mein Buch erschienen, da zog ich an dir oft als Ritter,
der du doch nichts übersiehst, ohne Zurückruf vorbei.
Was ich als Jüngling im Leichtsinn schrieb, kein Unheil befürchtend,
hat mir als alterndem Mann also noch Unheil gebracht!
Spät noch erhielt ein altes Buch ein beträchtliches Strafmaß,
weit von der Zeit meiner Schuld ist die Vergeltung entfernt.
Glaub aber nicht, ich hätte mein ganzes Werk nun verworfen.
Oft hab ich meinem Schiff größere Segel gespannt.
›Fasten‹ schrieb ich in zweimal sechs kalendarischen Büchern,
wovon jeder Band einem der Monate gilt.
Angeregt, Cäsar, durch dich und dir auch zu Ehren begann ich
kürzlich das Werk, doch mein Los riß von der Arbeit mich fort.
Auch ein königlich ernstes Werk für die tragische Bühne
schrieb ich, gewichtig im Ton, wie der Kothurn ihn verlangt.
Auch die Verwandlungen vieler Gestalten besang ich – die letzte
feilende Hand allerdings fehlt dem begonnenen Werk.
Wenn du doch deinen Zorn ein Weilchen begrübst und verlangtest,
daß man ein Stück zu Gehör bringe zu ruhiger Zeit
aus dem Werk, das ich, vom Ursprung der Welt mich erhebend,
weitergeführt bis in dein Zeitalter, Cäsar, hinauf!
Wieviel Einsicht ich dir verdanke, würdest du sehen,
wieviel Verehrung ich dir und auch den Deinen gezollt!
Niemandem hab ich mit bissigen Versen die Ehre beschnitten,
niemand kam je in Verruf durch eine Zeile von mir.
Redlich vermied ich den Spott, den die Galle verspritzt. Wenn ich scherzte,
haftete niemals Gift einem der Buchstaben an.
Unter so vielen Leuten, die schreiben – es sind an die Tausend –,
tat als einzigem mir meine Kalliope weh.
Deshalb vermute ich auch, daß keinen Quiriten mein Unglück
freute, doch viele gewiß hat es aufs tiefste betrübt.

Und ich vermag nicht zu glauben, daß man den Gebrochnen verhöhnte,
wenn man erkenntlich sich zeigt für meinen aufrechten Sinn.
Laß deinen Willen, ich bitte dich, ändern, durch dies und durch andres,
Vater des Vaterlands, der du es förderst und schützt!
Nicht die Rückkehr nach Ausonien erwarte ich, höchstens
später, wenn lange genug meine Verbannung gewährt,
sondern geschütztere Gegend, wo es auch friedlicher zugeht,
und meine Buße sei meiner Verfehlung gemäß.

Drittes Buch

I

›Schüchtern betrete ich nun die Hauptstadt, das Buch des Verbannten.
Freundlicher Leser, gib gütig dem Müden die Hand!
Schrick nicht etwa zurück, als müßtest du meiner dich schämen,
denn kein Vers ist dabei, der über Liebe belehrt.
Meinem Verfasser erging es nicht so, daß ihm danach zumute
wäre, dem Armen, sein Los irgend ins Heitre zu ziehn!
Auch das Werk, das er allzu verspielt in der Jugend verfaßte,
– wehe, es ist schon zu spät! – haßt und verachtet er nun.
Schau dir nur an, was ich bringe! Du wirst nichts als Trauriges sehen,
traurig wie seine Zeit ist auch der Ton des Gedichts.
Daß die Gedichte hinkend sich schleppen mit wechselndem Versfuß,
liegt entweder am Fuß, oder der Weg war zu weit.
Nicht vom Zedernöl gelb bin ich noch geglättet vom Bimsstein.
Wäre ich mehr als mein Herr aufgeputzt, würde ich rot.
Wo die Lettern zerfließen und Flecke zwischen der Schrift sind,
hat auf sein eigenes Werk Tränen der Dichter geweint.
Scheint aber etwas nicht richtig lateinisch gesagt, so bedenke:
Wo er es schrieb, wird das Land von den Barbaren bewohnt.
Sagt, ihr Leser, wenn es nicht schwerfällt: Wohin soll ich gehen?
Welche Häuser der Stadt nähmen wohl gastfrei mich auf?‹
Als ich verstohlen mit stammelnder Zunge dies alles sagte,
hat kaum einer den Weg mir zu beschreiben gewagt.
›Geben die Götter dir das, was sie meinem Dichter nicht gönnten:
daß du im Vaterland ruhig zu leben vermagst!
Zeig mir den Weg! Ich geh mit, ob ich gleich über Länder und Meere
fast vom Ende der Welt komme, zu Fuß und erschöpft.‹
Einer gehorchte und sprach: ›Das sind die Foren des Cäsar.

Diese Straße dort wird Heilige Straße genannt.
Dies ist der Tempel der Vesta mit Bildnis und Feuer der Pallas.
Dort, in dem kleinen Palast, hat früher Numa gewohnt.‹
Dann, mit Wendung nach rechts: ›Das ist des Palatiums Eingang.
Stator steht dort. Hier geschah einstmals die Gründung von Rom.‹
Während ich eins nach dem andern bewundere, sehe ich Waffen
funkeln am Tor und ein Haus, wert, daß ein Gott darin wohnt.
›Ist das Jupiters Tempel?‹ frage ich. Dies zu vermuten
gab ein Eichenlaubkranz mir einen triftigen Grund.
Hörend den Namen des Hausherrn, sprach ich: ›So war es kein Irrtum!
Dann ist dieser Palast also auch Jupiters Haus.
Aber warum wird das Tor gegenüber mit Lorbeer umwunden?
Was soll das schattige Laub auf dem erhabenen Haar?
Hat dieses Haus denn auf ewige Zeiten Triumphe erworben,
oder ist es beliebt bei dem leukadischen Gott?
Ist es so feierlich denn, weil es alle zum Feiern veranlaßt,
ist es des Friedens Symbol, den es dem Erdkreis errang?
Und wie der Lorbeer sein Laub nicht verliert, sondern immerdar grün ist,
so behält dieses Haus immer die Zierde des Ruhms?
Durch ein Schriftband wird die Verleihung des Kranzes begründet:
Bürgern hat seine Macht, heißt es, zur Rettung gedient.
Füg den Geretteten Einen hinzu, du gütigster Vater,
der am Ende der Welt still die Verbannung erträgt,
der seine Strafe, die, wie er zugibt, verdient ist, nicht wegen
eines Verbrechens erhielt; sondern er irrte sich nur!
Ach ich elendes Buch! Ich fürchte den Ort und den Herrscher,
und weil ich zittre vor Angst, wackeln die Buchstaben schon.
Siehst du das weiße Blatt, so bleich, als wäre es blutleer?
Siehst du bei jedem Schritt zittern den wechselnden Fuß?
Sei es, ich bitte darum, meinem Urheber einmal beschieden,

wiederzusehen das Haus unter dem nämlichen Herrn!‹
Darauf werde ich steilere Stufen hinan immer weiter
zu des lockigen Gotts strahlendem Tempel geführt,
wo die Beliden im Wechsel der Säulen aus seltenem Marmor
stehn und ihr Ahn, der Barbar, mit dem gezogenen Schwert,
wo zur Lektüre für jeden bereitsteht, was alte und neue
Männer des Geistes erfaßt haben mit Herz und Verstand.
Als ich nach meinen Brüdern – die ausgenommen, von denen
unser Urheber wünscht, daß er sie niemals verfaßt –
fragte, da war es umsonst, und der Wächter verwies mich des Hauses,
der die Aufsicht führt über den heiligen Ort.
Also geh ich zum anderen Tempel beim nahen Theater.
Doch meinen Füßen war hier auch der Zutritt verwehrt.
Auch die Göttin der Freiheit ließ mich nicht in die Hallen,
wo einem geistreichen Buch erstmals einst Zuflucht sich bot.
Unseres armen Verfassers Schicksal greift auf uns über,
und uns Kinder trifft nun die Verbannung wie ihn.
Weniger streng wird mit uns und mit ihm wohl einmal der Cäsar
umgehen, wenn ihn die Zeit gnädiger gegen uns stimmt.
Götter, ich flehe euch an – doch ich brauche nicht alle zu bitten,
Cäsar, du mächtigster Gott, gib, daß mein Wunsch sich erfüllt!
Aber solange der Weg in die Öffentlichkeit mir verwehrt ist,
sei dem Privatmann erlaubt, daß er mir Obdach gewährt.
Nehmt, wenn ihr dürft, auch ihr, plebejische Hände, die Dichtung,
die mir verworren geriet, weil ich mich einschüchtern ließ!

II

Also wollte mein Schicksal, daß ich auch Skythien sähe,
wo Kallisto als Bär droben am Himmel erscheint?
Euren Priester, du Sohn Latonas und ihr, Pïeriden
habt ihr mit Klugheit und List nicht zu beschützen vermocht?
Nichts bringt es ein, daß ich schuldlos blieb, so gewagt auch mein Scherz war,
daß meine Muse stets heiterer war als ich selbst,
sondern nach manchen zu Land und zu Wasser durchlittnen Gefahren
hat mich der Pontus, von Frost starrend, in seiner Gewalt.
Sonst den Geschäften abhold, und geboren zu heiterer Muße,
zart gebaut, und zuvor nie an Strapazen gewöhnt,
dulde ich Bitteres nun und bin doch nicht an Küsten verschollen,
wo es an Häfen fehlt, noch unterwegs auf dem Land.
In der Bedrängnis half mir mein Geist, denn er schenkte dem Körper
Kräfte, so daß ich ertrug, was kaum erträglich erschien.
Aber solang ich zu Land und zu Wasser noch stets in Gefahr war,
täuschten die Mühen den Gram und mein gebrechliches Herz.
Nunmehr, am Ende der Reise, beim Ausruhen von den Strapazen,
da ich die Gegend betrat, die mir mein Urteil genannt,
kann ich nichts andres als weinen; der Tränenstrom meiner Augen
schwillt, wie das Wasser im Lenz rinnt aus dem tauenden Schnee.
Rom fällt mir ein und mein Haus und die Orte, wohin ich mich sehne,
alles, was in der Stadt, die ich verlor, von mir blieb.
Wehe, wie oft hab ich an die Tür meiner Gruft schon geschlagen!
Aber zu keiner Zeit war sie geöffnet für mich.
Wozu bin ich den Schwertern entkommen, warum hat der Sturmwind
nicht mein unseliges Haupt, wie er oft drohte, ertränkt?

Götter, ich habe euch allzu beharrlich als Feinde erfahren.
Einem einzigen Gott seid ihr verbündet im Zorn.
Treibt denn mein zauderndes Schicksal, ich flehe euch an, nun zur Eile!
Duldet nicht mehr, daß mein Tod mir seine Pforte verschließt!

III

Wenn du vielleicht erstaunst, daß mein Brief von der Hand eines Fremden
stammt, so erfahre den Grund: Krank war ich längere Zeit,
krank im entlegensten Teil eines kaum erkundeten Landes,
und ob ich jemals gesund würde, stand lange nicht fest.
Als ich hier in dem furchtbaren Land, bei Sarmaten und Geten
lag, was meinst du, wie schlimm da wohl zumute mir war?
Unerträglich das Wetter. Das Wasser ist kaum zu genießen.
Ach, ich weiß nicht, wieso mir auch die Landschaft mißfällt.
Weder das Haus noch die Kost sind hier für den Kranken geeignet.
Niemand ist, der mir den Schmerz stillt mit der Kunst des Apoll,
nirgends ein Freund, der mich tröstet oder die Zeit, die dahinschleicht,
mir, indem er erzählt, für eine Weile verkürzt.
Bei den entlegensten Völkern lieg ich erschöpft in der Fremde,
und mir fällt in der Not ein, was mir alles noch fehlt.
Mag es mir einfallen! Du, meine Gattin, bewältigst doch alles.
In meinem Herzen gehört dir der bedeutendste Platz.
Bist du auch fern, ich spreche mit dir und nenn dich beim Namen.
Niemals beginnt eine Nacht, niemals ein Tag ohne dich.
Und man erzählt mir sogar, wenn ich manchmal im Schlaf phantasiere,
rufe bewußtlos mein Mund laut und vernehmlich nach dir.
Wenn ich im Sterben läge, die Zunge am Gaumen mir klebte,
daß sie, beträufelt mit Wein, kaum sich noch einmal belebt,
und ich erführ, meine Frau sei gekommen, so könnte ich aufstehn,
und meine Lebenskraft käm aus der Hoffnung auf dich.
Während ich also in Lebensgefahr bin, verlebst du zu Hause
glückliche Tage vielleicht ohne Gedanken an mich?

Nein, ich bin sicher, es ist mir ganz klar, meine Teuerste, daß du
all die Zeit ohne mich nur in Betrübnis verbringst.
Sind nun aber die Jahre erfüllt, die das Schicksal mir zumaß,
steht meinem Leben schon nahe das Ende bevor,
wollt ihr dann nicht einen Sterbenden schonen, ihr mächtigen Götter,
daß man ihn wenigstens noch in seiner Heimat begräbt?
Besser, die Strafe wär erst zum Zeitpunkt des Todes gekommen!
Hätte mich lieber der Tod vor der Verbannung ereilt!
Ehrenhaft konnte ich unlängst noch aus dem Leben verschwinden.
Nur für den Tod im Exil ward mir das Leben geschenkt.
Also sterbe ich fern in unbekannten Gebieten,
und so trist wie der Ort wird auch mein Untergang sein.
Keine vertraute Bettstatt trägt meinen siechenden Körper.
Irgendwo legt man mich hin. Niemand hat Tränen für mich.
Daß eine Weile mein Atem sich mischt mit den Tränen der Gattin,
die an meinem Gesicht weint, ist mir nicht mehr vergönnt.
Nichts kann ich ihr übertragen, und kommt dann der äußerste Jammer,
drückt ihre liebreiche Hand auch nicht die Augen mir zu.
Sondern ganz ohne Feier und ohne ein ehrendes Grabmal
scharrt man mein Haupt unbeweint ein in barbarischem Land.
Wird wohl, wenn du das hörst, deine Seele in Aufruhr geraten?
Schlägst du vor Schreck mit der Faust gegen die liebende Brust?
Wirst du vergebens die Arme nach dieser Weltgegend strecken,
schrein nach dem glücklosen Mann, der nur ein Name noch ist?
Dennoch – hör auf, dein Gesicht zu zerkratzen, die Haare zu raufen!
Nicht das erstemal ist's, daß du, mein Licht, mich verlierst.
Denk dir, ich wäre, als ich die Heimat verlor, schon gestorben.
Jener Tod kam zuerst, und er war schwerer für mich.
Nun aber freue dich, wenn du es kannst – doch du wirst es nicht können –,
tapferste Frau, daß der Tod mir so viel Unheil erspart!

Mildere aber – das kannst du – das Unglück durch tapferes Dulden,
denn dein erfahrenes Herz ist es schon lange gewohnt.
Daß meine Seele zugleich mit dem Leib doch gänzlich verginge,
daß doch kein Stückchen von mir blieb, wenn mein Leichnam verbrennt!
Denn wenn der Geist unsterblich hinauf in die Räume der Luft fliegt,
wenn, was Pythagoras einst lehrte, der Wahrheit entspricht,
dann wird ein Schatten aus Rom bei den Schatten Sarmatiens umgehn,
bei eines wilden Volks Geistern auf immer zu Gast.
Laß dir jedoch meine Asche in einer schmucklosen Urne
bringen! So bin ich hinfort nicht auch als Toter verbannt.
Niemand verbietet dir das. Die Thebanerin legte den Bruder
nach seinem Tod in ein Grab gegen des Königs Verbot.
Misch sie mit Kräutern und auch mit Amomum, zu Pulver gemahlen,
und dann setze sie bei, nahe den Toren der Stadt.
Lasse die folgenden Verse, damit sie der Wanderer eilig
lese, mit deutlicher Schrift haun in den marmornen Stein:
DER ICH DIE ZÄRTLICHE LIEBE SO HEITER BESUNGEN – HIER LIEG ICH:
NASO, DER DICHTER. DEN TOD HAT MEIN TALENT MIR GEBRACHT.
WENN DU ABER, DER DU VORBEIKOMMST, JEMALS GELIEBT HAST,
SEI DIR DER WUNSCH NICHT ZUVIEL: SANFT RUHE NASOS GEBEIN!
Das ist als Inschrift genug. Denn ein größeres Denkmal, das weitaus
längere Zeit übersteht, sind meine Bücher für mich.
Haben sie mir auch geschadet, sie machen den Namen des Dichters
für eine lange Zeit, hoffe ich sicher, berühmt.
Du aber bring dem Verblichenen immer Totengeschenke,
lege ihm Kränze aufs Grab, die du mit Tränen benetzt!
Hat auch das Feuer den Körper ganz in Asche verwandelt,
wird der sich grämende Staub doch durch ein Opfer erquickt.
Gerne schriebe ich mehr, doch die Stimme ermüdet vom Sprechen;
trocken verweigert der Mund mir beim Diktieren den Dienst.

Nimm meinen Gruß! Es ist vielleicht schon der letzte! Ich wünsche
dir, was ich leider jetzt selber nicht kann: Lebe wohl!

IV a

O mein Freund, mir teuer zwar immer, in härteren Zeiten
aber erst richtig erkannt nun, da mein Leben zerbrach!
Schenkst du Glauben dem Freund, der durch schlimme Erfahrung belehrt ist:
Lebe dir selber und geh Mächtigen stets aus dem Weg!
Lebe dir selber und meide nach Möglichkeit glänzende Leute.
Aus dem himmlischen Glanz zuckt der vernichtende Blitz.
(Wenn es auch stimmt, daß allein die Gewaltigen nützlich sein können,
bleib doch mit Nutzen uns fern, wer zu vernichten vermag!)
Wer seine Rahen herabholt, entgeht im Winter dem Seesturm,
größere Segel sind mehr noch als kleine bedroht.
Siehst du, der Kork, weil er leicht ist, schwimmt auf der Welle ganz oben,
aber ein schweres Gewicht zieht auch das Netz mit hinab.
Hätte man früher mich davor gewarnt, wovor ich jetzt warne,
lebte ich noch, wo mein Platz ist, in der Hauptstadt vielleicht.
Als wir einander noch trafen und sanfter Wind mich vorantrug,
schwamm ich mit meinem Kahn auf einem ruhigen Strom.
Wer, was selten geschieht, einmal strauchelt auf ebener Straße,
der steht so, daß er kaum Boden berührt, wieder auf.
Doch von der Höhe des Daches stürzte der arme Elpenor,
und seinem König erschien kraftlos sein Schatten danach.
Woran lag es, daß Dädalus flog mit sicheren Schwingen,
aber das mächtige Meer Ikarus' Namen erhielt?
Sicherlich, weil er zu hoch und jener viel tiefer dahinflog.
Beide haben ja nicht eigene Flügel gehabt.
Glaub mir, nur der lebt gut, der sich gut im verborgnen zurückhält,

und sein eigenes Glück sei einem jeden genug.
Niemals wäre Eumedes kinderlos, hätte sein Sohn sich
nicht so töricht vergafft in des Achilles Gespann.
Merops hätte nicht Phaëthon in Flammen gesehn und die Töchter
nicht als Bäume, wär er Vater gewesen dem Sohn.
Nimm auch du dich immer in acht vor dem, was zu hoch steht,
und verfolgst du ein Ziel, halte die Segel gerefft!
Denn du verdienst es, unangefochten durchs Leben zu kommen,
und ein glückliches Los sollte mit Recht dich erfreun.
Daß ich dir so etwas wünsche, das macht die Güte und Treue
und das Vertrauen, das mir stets in Erinnerung bleibt.
Über mein Schicksal sah ich dich seufzen mit eben dem Ausdruck,
wie man ihn, glaube ich, sah auf meinem eignen Gesicht.
Wie du Tränen auf meine Wange vergossest, das sah ich,
und dein ermunterndes Wort trank ich mit ihnen zugleich.
Heute verteidigst du noch den vertriebenen Freund voller Kampflust,
hilfst mir, obgleich man mir kaum noch zu helfen vermag.
Frei von Mißgunst verlebe denn ruhmlos behagliche Jahre,
und deinesgleichen nur nimm zum vertraulichen Freund!
Lieb deines Naso Namen, der nicht mit in die Verbannung
ging. Das Skythische Meer hält alles Übrige fest.

IVb

Land, den Gestirnen der erymanthischen Bärin benachbart,
hält mich gefangen, und hart ist hier die Erde vom Eis,
wo nur der Bosporus liegt und der Don und die skythischen Sümpfe
und ein paar Ortschaften noch, Namen, die kaum jemand kennt.
Sonst gibt es nichts als eisige, unbewohnbare Ödnis.
Ach, ich befinde mich hier nahe am Ende der Welt!
Fern ist hingegen das Vaterland, fern meine teure Gemahlin
und wofür ich noch sonst Liebe und Achtung empfand.
Dennoch sind sie mir so gegenwärtig, daß alles, was meine
Sinne nun nicht mehr erreicht, vor meinem Geiste erscheint.
Bildhaft ziehen mein Haus und die Stadt an den Augen vorüber,
alles gesellt sich hinzu, was an den Orten geschah.
Vor meinen Augen erscheint das Bild meiner Frau mir leibhaftig.
Schlimm wird mein Schicksal durch sie, doch sie erleichtert es auch.
Schlimm ist, daß sie mir fehlt, doch sie hilft, weil sie liebend mir beisteht,
weil sie so standhaft die Last trägt, die ihr auferlegt ist.
Freunde, auch ihr seid tief in meinen Gefühlen verwurzelt;
gerne hätte ich euch alle beim Namen genannt.
Aber die Vorsicht verbietet mir, Namen zu nennen. Die Freunde
sähen es sicher nicht gern, wenn mein Gedicht sie erwähnt.
Früher saht ihr es gern und betrachtet es noch als Ehre,
fandet in Versen von mir ihr euch mit Namen genannt.
Weil dies aber Gefahr bringt, grüße ich euch nur im stillen,
denn ich will keinem von euch Grund zu Befürchtungen sein.
Nirgends verrät mein Gedicht durch Anspielung heimliche Freunde.
Wer mich ganz unbemerkt liebte, behalte mich lieb.

Trennen mich auch von euch sich weithin erstreckende Länder,
wißt: Ihr seid dennoch mir stets gegenwärtig im Geist.
Lindert, so gut es ein jeder vermag, einen Teil meiner Leiden!
Von dem Geächteten nehmt nicht eure helfende Hand.
Bleibt auch in Zukunft glücklich, und bringe euch niemals ein Schicksal,
ähnlich dem meinen, dazu, bitten zu müssen wie ich.

V

Freundschaftlich pflegten wir Umgang, jedoch nicht lebhaft, so daß es
leicht zu behaupten wär, wir hätten nie uns gekannt,
hätten dich nicht vielleicht besonders innige Bande
mit mir verknüpft, als der Wind günstig noch stand für mein Schiff.
Als ich zu Fall kam und alle verängstigt im Unglück mich mieden
und der verlassene Freund nur ihre Rücken noch sah,
wagtest du, den zu berühren, den Jupiters Blitzstrahl getroffen,
und zu betreten das Haus, das als verloren schon galt.
Und obwohl wir nicht lange uns kennen, tust du als Neuling
das für mich Armen, was kaum zwei, drei Bewährte getan.
Dein verwirrtes Gesicht – ich hab es gesehn und behalten,
wie es von Tränen naß wurde und bleicher als meins.
Als ich die Tränen sah, wie sie tropften zu einzelnen Worten,
trank die Tränen mein Mund, tranken die Ohren dein Wort.
Und ich ließ deinen Arm den gebeugten Nacken umschlingen,
spürte die Küsse, mit dumpf klingendem Schluchzen vermischt.
Lieber! Ich bin durch dich auch von ferne nach Kräften verteidigt.
Carus, ›der Liebe‹, du weißt, wirst du ganz richtig genannt.
Außerdem gibt es noch manches untrügliche Zeichen der Freundschaft,
das meine Seele bewahrt, das sie wohl niemals verliert.
Mögen die Götter dich immer die Deinen verteidigen lassen,
möge der Fall, wo du hilfst, günstiger stehn als bei mir!
Wenn du indessen mich fragst – ich kann mir die Frage schon denken,
wie es denn hier in dem Land nun dem Verlorenen geht:
Spärliche Hoffnung bewegt mich, und du darfst sie mir nicht zerstören,
einmal lege der Gott ab seinen finsteren Sinn.
Ob meine Hoffnungen leer sind oder sich doch noch erfüllen –

bitte bestärk mich darin, daß ich ein Recht darauf hab!
Alle Gewandtheit der Zunge verwende darauf, mir zu zeigen,
daß mein sehnlicher Wunsch Wirkung zu haben vermag!
Läßt doch ein Mensch sich, je größer er ist, desto leichter versöhnen,
und ein vornehmer Geist neigt dazu, gütig zu sein.
Niederzuwerfen den Gegner genügt dem tapferen Löwen,
und wenn der Feind unterliegt, endet für ihn auch der Kampf.
Noch gegen Sterbende wüten der Wolf und die häßlichen Bären
und noch manches Getier, welches von Ehre nichts weiß.
Wer übertraf vor Troja an Tapferkeit den Achilles?
Doch der dardanische Greis hat ihn mit Tränen erweicht.
Welch eine Güte Emathiens König besaß, das hat Porus
deutlich gemacht und die Art, wie man Darius begrub.
Um nicht weiter zu reden von menschlichem Zorn, der sich mildert:
Junos früherer Feind wurde ihr Schwiegersohn bald.
Schließlich brauche ich schon allein deshalb nicht zu verzweifeln,
weil es nicht Blutschuld ist, die meine Strafe vergilt.
Keinen Anschlag verübte ich, alles zugrundezurichten,
gegen des Cäsars Haupt, gegen das Haupt dieser Welt,
sagte auch nichts, noch hat meine Zunge je etwas entheiligt,
noch auch sind mir im Rausch gottlose Worte entschlüpft.
Daß ein Vergehn meine Augen ahnungslos sahn, muß ich büßen,
und meine einzige Schuld ist, daß ich Augen gehabt.
Freilich, verteidigen kann ich mich nicht gegen jeglichen Tadel.
Aber auf Irrtum beruht dennoch ein Teil meiner Schuld.
Deshalb bleibt mir die Hoffnung, er selber werde die Strafe
mildern und mir einen Ort geben, der gastlicher ist.
O daß der weißliche Morgenstern, Herold der strahlenden Sonne,
mir diesen herrlichen Tag bringe mit trabendem Roß!

VI

Unseren Freundschaftsbund, mein Teuerster, willst du nicht leugnen,
wenn du es aber vielleicht wolltest – du könntest es nicht.
Denn solang es uns freistand, war lieber als du mir kein andrer,
und in der Hauptstadt war dir keiner vertrauter als ich.
Unsere Liebe war für die Leute so offenkundig,
daß sie fast besser bekannt war als du selber und ich.
(Und wie aufrichtig du den engsten Freunden begegnest,
ist dem Manne bekannt, dem deine Hochachtung gilt.)
Kein Geheimnis hütetest du, von dem ich nichts wußte.
Vieles vertrautest du auch meiner Verschwiegenheit an.
Was ich Geheimes wußte, das habe ich außer dem Einen,
das mich vernichtete, sonst keinem gesagt außer dir.
Hättest du das auch erfahren, ich wär dir erhalten geblieben,
und dein Rat, mein Freund, hätte mir Rettung gebracht.
Aber mein Schicksal wollte es freilich, daß ich nun büße,
legt sich dem in den Weg, der mir zu helfen versucht.
Ob ich durch Vorsicht das Unglück vielleicht hätte abwenden können,
oder ob keine Vernunft je unser Schicksal besiegt,
denke an mich, der du mir seit langem aufs engste vertraut bist,
dem fast am meisten mein Wunsch nach einem Wiedersehn gilt;
und wenn die Gunst, in der du stehst, dir Einfluß verschaffte,
dann verwende ihn auch bitte, wenn möglich, für mich,
daß die beleidigte Gottheit den Zorn ein wenig bezähme
und mich an anderem Ort etwas gelinder bestraft,
und nur insofern, als ich kein Verbrechen beabsichtigt habe,
sondern der Grund meiner Schuld eine Verirrung nur war.
Wie mir die tödliche Schandtat durch Zufall unter die Augen

kam, zu erzählen, ist schwer, wär auch nicht ohne Gefahr.
Noch erschreckt meinen Geist jene Stunde wie eine Verwundung,
und es beschämt mich noch jetzt, denke ich daran zurück.
Was allerdings eine solche Beschämung hervorruft, das läßt man,
wie es nun einmal sich schickt, gänzlich in Dunkel gehüllt.
Nichts also sage ich, außer: Ich habe mich einmal vergangen,
aber ich habe dabei keinerlei Vorteil gesucht.
Eher noch sollte ich mein Vergehen als Dummheit bezeichnen,
wünschtest du das, was geschah, richtig beim Namen genannt.
Ist das nicht wahr, dann suche für mich eine weiter entfernte
Stadt, und ich fühle mich dort wie in der Vorstadt von Rom.

VII

Geht und grüßt mir Perilla, ihr hastig geschriebenen Zeilen,
richtet ihr treulich aus, was ich ihr mitteilen muß!
Entweder findet ihr sie bei der liebenswürdigen Mutter,
oder in Bücher vertieft und mit den Musen befaßt.
Was sie auch vorhat, sie läßt es, sobald sie erfährt, daß ihr da seid,
neugierig, was euch zu ihr führte, und wie es mir geht.
Sagt ihr, ich lebe, doch so, daß ich lieber nicht mehr am Leben
wäre, und daß auch die Zeit nicht meinen Kummer zerstreut,
daß ich, obgleich sie mir schadeten, wieder den Musen vertraue
und das Wort zum Wort füge mit wechselndem Vers.
Sagt: »Bist auch du mit denselben Dingen etwa beschäftigt,
schreibst ein gescheites Gedicht, nicht in des Vaters Manier?
Denn die Natur und dein Schicksal verliehen dir Reinheit und Anstand
und zu seltnem Talent auch einen wachen Verstand.
Aus dem Brunnen des Pegasus ließ ich als erster dich trinken,
daß nicht der fruchtbare Quell deiner Begabung versiegt;
als du noch Mädchen warst, erkannte ich dich als erster,
hab dich geführt und betreut, ganz wie ein Vater sein Kind.
Darum wird einzig die lesbische Dichterin über dich siegen,
wenn du in deiner Brust weiter das Feuer bewahrst.
Aber ich fürchte, du läßt dich von meinem Schicksal beirren,
und dein Herz ist verzagt, seit du mein Unglück erfuhrst.
Als es noch ging, las ich oft deine Verse, für dich dann die meinen,
war dein Richter manchmal, manchmal dein Lehrmeister auch.
Entweder lieh ich mein Ohr den Versen, die du verfaßtest,
oder ich fand sie schlecht, und dann errötetest du.
Weil meine Bücher mich unglücklich machten, bist du vielleicht nun

niedergeschlagen und denkst, daß man dich ähnlich bestraft.
Fürchte, Perilla, dich nicht, wenn nur niemanden je deine Dichtung,
weder den Mann noch die Frau, über die Liebe belehrt!
Streife denn ab, was Trägheit hervorruft, belesene Freundin,
kehr zu den Künsten zurück, in deinen heil'gen Beruf!
Denn dein schönes Gesicht wird im Laufe der Jahre verfallen,
und deine vornehme Stirn wird einst von Runzeln zerfurcht.
Und deine holde Gestalt wird das Alter zum Nachteil verändern,
das mit verhaltenem Schritt unmerklich über uns kommt.
Wenn dann jemand bemerkt: ›Die war einmal schön!‹ – das wird wehtun,
und du beschwerst dich sogleich, daß dich dein Spiegel belügt.
Mäßig nur ist dein Vermögen, obgleich du Reichtum verdientest.
Aber nimm an, was du hast, wäre dein größter Besitz:
Gibt doch das Glück nach Belieben uns Güter und raubt sie uns wieder!
Und wie Irus verarmt schnell, wer ein Krösus erst war.
Was will ich damit sagen? Vergänglich sind all unsre Güter
außer dem, was das Herz und die Begabung uns bringt.
Mich, der sein Vaterland, euch und sein Haus verlor, nimm als Beispiel,
mich, dem man alles entriß, was einer hergeben kann:
Hab ich nicht meine Begabung behalten zur eigenen Freude?
Sie mir zu nehmen, war Cäsar nicht mächtig genug!
Möge, wer will, mein Leben mit wütendem Schwerthieb beenden –
wenn ich dann sterbe, so lebt trotzdem auch künftig mein Ruhm,
und man liest mich, solange als Siegerin Rom von den Hügeln
in die bezwungene Welt blickt, eine Freundin des Mars.
Deinem Bemühen sei größerer Segen beschieden! Entgehe
du auch dem Holzstoß, der bald lodert, so gut du vermagst!«

VIII

Ach, wie gerne bestiege ich jetzt des Triptolemus Wagen,
der die wildwüchsige Saat warf übers öde Gefild,
ach, wie gerne nähm ich die Drachen Medeas beim Zügel,
die sie besaß, als sie einst floh aus der Burg von Korinth,
ach, wie gerne schwänge ich kräftig mich auf mit den Flügeln –
sei's, wie sie Dädalus, sei's wie sie dem Perseus gedient,
um im Flug, die wiegenden Lüfte zerteilend, die teure
Erde des Vaterlands plötzlich ganz nahe zu sehn
und das vereinsamte Haus und die Freunde, die meiner gedenken,
doch ganz besonders mein Weib und ihr geliebtes Gesicht!
Dummkopf! Wozu denn hätschelst du sinnlos so kindische Wünsche,
die dir jetzt und hinfort niemals ein Tag je erfüllt?
Hegst du Wünsche, so bitte die Macht des Augustus um Hilfe,
und zu dem Gott, der dich traf, bete! So ist es der Brauch!
Er vermag dir Flügel und fliegende Wagen zu geben.
Stimmt er der Rückkehr zu, wirst du zum Vogel sogleich.
Bitte ich darum – denn größere Wünsche sind mir nicht möglich –,
fürchte ich, das, was ich will, sei nicht bescheiden genug.
Späterhin kann ich vielleicht, wenn sein Zorn sich einmal gelegt hat,
ihm ein solches Gesuch schicken, mit Bangen auch dann.
Weniger wär – doch für mich ein Geschenk von großer Bedeutung –,
ließe er mich von hier fort, wohin immer er will.
Wetter und Wasser vertrage ich nicht, nicht die Luft und die Landschaft.
Ach, ich fühle mich hier fortwährend kränklich und matt.
Möglich ist, daß mein Kummer schlimm auf den Körper sich auswirkt.
Möglich ist auch: Dieses Land ruft meinen Kummer hervor.
Seit ich den Pontus erreichte, quälen mich schlaflose Nächte.

Haut und Knochen bin ich. Keinerlei Kost sagt mir zu.
So wie im Herbst, wenn der nahende Winter die Blätter mit ersten
Frösten streifte, das Laub sich in den Bäumen verfärbt,
hat mein Körper die Farbe gewechselt, die Glieder sind kraftlos,
niemals fehlt mir ein Grund, kläglich zu stöhnen vor Schmerz.
Und mein Verstand ist nicht mehr als mein Körper bei Kräften; es kränkeln
gleichmäßig beide, und so dulde ich doppelte Qual.
Körperlich sichtbar klebt gleichsam an mir und steht mir vor Augen
mein unseliges Los, deutlich in seiner Gestalt.
Wenn ich die Gegend, die Bräuche, die Kleidung und Sprache der Leute
seh, und mir kommt in den Sinn, was ich nun bin und einst war,
sehne ich mich nach dem Tod und bedaure am Ingrimm des Cäsar,
daß er sich nicht mit dem Schwert rächte für meinen Verstoß.
Doch wenn er einmal die Feindschaft austrägt auf mildere Weise,
steht dem Verbannten ein Ort, der ihm erträglich ist, zu.

IX

Also auch hier – wer glaubte es? – gibt es griechische Städte,
hier in der Wildnis, wo roh alles benennt der Barbar.
Hierher gelangten sogar, von Milet her kommend, die Siedler,
bauten nach griechischer Art Häuser im getischen Land!
Doch aus der Zeit noch vor der Stadtgründung stammte der Name,
heißt es: Der Mord sei einst hier an Ampsyrtos geschehn.
Denn als Medea ihr Schiff, das gebaut war in Obhut Minervas,
lenkte durch Wasser, die nie jemand bis dahin befuhr,
auf der Flucht vor dem unehrerbietig verlassenen Vater,
habe sie hier an den Strand, sagt man, die Ruder gewandt.
Als ihn der Späher vom Hügel herab in der Ferne erblickte,
sprach er: ›Aus Kolchis, mein Gast, seh ich, erreicht uns ein Schiff!‹
Während die Minyer eilig die Taue vom Ufer entfernten,
während der Anker dem Zug hastiger Hände gehorcht,
schlägt sich die Kolchierin, ihr Vergehen erkennend, die Brüste,
die manch ruchlose Tat wagte und weiterhin wagt.
Und obwohl sie mit vielen vermessenen Plänen noch umgeht,
tritt in ihr Mädchengesicht dennoch die Blässe der Angst.
Da sie die nahenden Segel erblickte, sprach sie: ›Den Vater
müssen wir durch eine List halten, sonst holt er uns ein!‹
Während sie sann, was zu tun sei, und allerlei in Betracht zog,
fiel ihr schweifender Blick auf ihren Bruder herab.
Wie sie ihn greifbar stehen sah, sprach sie: ›Wir haben gewonnen!
Nur wenn mein Bruder stirbt, wird mir das Leben geschenkt.‹
Plötzlich bohrt sie dem Ahnungslosen, der solches nicht fürchtet,
unbarmherzig das Schwert in seine wehrlose Brust.
Und sie zerstückelte ihn, und die abgehauenen Glieder

streute sie weit übers Feld, daß man sie mühsam nur fand,
steckte die blassen Hände, damit sie der Vater bemerkte,
und das blutige Haupt auf den hochragenden Fels,
so daß der Vater beim Sammeln der toten Gebeine in neuer
Trauer den traurigen Weg für eine Zeit unterbrach.
Daher nennt man nun Tomis den Ort, weil die Schwester den Bruder
hier, wie die Sage erzählt, einstmals in Stücke zerhieb.

X

Sollte sich jemand noch dort des gestorbenen Naso erinnern
und mein Name allein weiterbestehn in der Stadt,
wisse er: Unter dem Sternhimmel bin ich lebendig begraben,
der im barbarischen Land niemals im Meere versinkt.
Nur Sarmaten leben ringsum und die Bessen und Geten,
Namen von schweifendem Volk, denen mein Geist widerstrebt.
Einigermaßen schützt uns der Hister, solange es warm bleibt.
Strömt sein Wasser dahin, hält er den Krieg von uns fern.
Doch wenn der finstere Winter sein rauhes Antlitz emporhebt,
wenn sich die Erde weiß färbt unter marmornem Frost,
wenn unterm Sternbild der Bärin der Nord seinen Schnee drüber hin bläst,
weiß man, wie hart es sich lebt nahe dem schrecklichen Pol.
Schnee ist gefallen; ihn bringt weder Regen noch Sonne zum Tauen,
sondern der eisige Nord macht, daß er bleibt und verharscht.
Noch ist der erste Schnee nicht geschmolzen, da schneit es schon wieder,
mancherorts liegt der Schnee noch aus dem vorigen Jahr.
Solche Gewalt hat der rasende Sturm, daß er höhere Türme
niederreißt, und oft trägt er die Dächer davon.
Felle und Hosen mit Nähten schützen vor grimmiger Kälte.
Nur ein Teil des Gesichts schaut aus der Kleidung hervor.
Oftmals klirren beim Laufen die eisverkrusteten Haare;
weißlich in Eis gehüllt, glänzt der gefrorene Bart.
Weine behalten die Form des Kruges, aus dem man sie schüttet,
und man schenkt sie nicht aus, sondern verteilt sie vom Stück.
Wozu erwähnen, daß reißende Bäche im Eise erstarren,

daß man das Wasser schlägt mit einem Beil aus dem See?
Selbst ein Fluß, so breit wie der Nil, der papyrusgesäumte,
der in die weite See mehrere Mündungen wirft,
selbst das bläuliche Wasser des Hister gefriert unterm Frostwind,
und vom Eis überdeckt, windet er sich in das Meer.
Wo sich Schiffe bewegten, geht man zu Fuß; auf die Welle,
die in der Kälte erstarrt, stampft mit den Hufen das Pferd,
und die sarmatischen Ochsen ziehn auf seltsamen Brücken
ihr Barbarengespann über die gleitende Flut.
Glauben finde ich kaum. Doch was sollte die Lüge belohnen?
Deshalb verdient mein Bericht, daß man ihn treulich mir glaubt.
Auch das gewaltige Meer hab ich zugefroren gesehen,
und wie ein Teller war glatt, ohne Bewegung, die See.
Nicht genug, daß ich's sah! Ich betrat die gefrorene Weite,
schritt mit trockenem Fuß über die Wellen dahin.
Hätte, Leander, das Wasser für dich sich also gebärdet,
wäre die Meerenge nicht schuld daran, daß du ertrankst.
Auch die gekrümmten Delphine können nicht mehr in die Lüfte
springen. Versuchen sie es, hält sie die Eisdecke fest.
Wenn auch mit heftigen Böen der Nordwind brausend daherkommt,
aus der geschlossenen Flut steigt keine Woge empor.
Schiffe stehen im marmorglatten Eise gefangen,
und kein Ruder mehr furcht die gefrorene See.
Fische hab ich gesehen, die hingen im glasigen Eise.
Aber ein Teil davon war noch am Leben auch dann.
Ob nun das Meer durch das Wüten des allzu stürmischen Nordwinds
oder das Wasser im Fluß bei Überschwemmung erstarrt:
Kaum hat der trockene Nord den Hister geebnet, da stürmen
plötzlich, behende zu Roß, fremde Barbaren heran.
Feinde, die stark sind als Reiter und durch weitfliegende Pfeile,
suchen benachbartes Land weit mit Verwüstungen heim.

Einige flüchten, und während die Fluren ganz ohne Schutz sind,
wird ihnen hinterrücks, was sie besitzen, geraubt,
kärgliche Früchte des Feldes, das Vieh und die knarrenden Wagen
und was der arme Mann sonst noch an Reichtümern hat.
Andere führt man gefangen, die Arme nach hinten gefesselt,
fort, und nach Haus und Hof schaun sie vergebens sich um.
Andere sterben qualvoll, getroffen von hakigen Pfeilen,
denn mit der Spitze in Gift taucht man das schnelle Geschoß.
Was sie nicht schleppen noch forttreiben können, das machen sie nieder,
Hütten, die niemand bedrohn, stecken die Feinde in Brand.
Selbst wenn Frieden ist, zittert man noch in Furcht vor dem Kriege,
keiner zieht mit dem Pflug Furchen in fruchtbares Land.
Entweder sieht man den Feind oder fürchtet ihn, weil man ihn nicht sieht.
Unbebaut trocknet das Land aus, und es trägt keine Frucht.
Nirgends verbirgt unter Weinlaub sich hier die liebliche Traube,
und aus den Kufen quillt nirgends der brodelnde Most.
Obst bringt das Land nicht hervor, und den Apfel, um darauf zu schreiben,
was seine Herrin dann las, fände Acontius nicht.
Öde sieht man die Ebene, ohne Gebüsch, ohne Bäume.
Wehe dem glücklichen Mann, der diese Gegend betritt!
Raum bietet freilich der mächtige Erdkreis genug; also hat man
eigens zu meiner Qual wohl diesen Landstrich entdeckt!

XI

Wer du auch bist, du gemeiner Kerl, der mein Unglück verspottet
und mich, gierig nach Blut, immer aufs neue verklagt:
Dich haben Felsen geboren, dich nährte die Milch eines Raubtiers,
und, das sage ich dir: Steine hast du in der Brust!
Bis zu welch einem Grad kann sich deine Rachlust noch steigern?
Oder was für ein Leid meinst du wohl, das mir noch fehlt?
Eine barbarische Gegend am rauhen Gestade des Pontus
und der Mänalische Bär blicken bei Nordwind auf mich.
Keine Gespräche sind mir mit den rohen Leuten hier möglich,
und wohin ich auch geh – überall lauert die Angst.
Wie ein flüchtender Hirsch, der von hungrigen Bären gepackt wird,
wie ein Lamm, das, umkreist von den Gebirgswölfen, bebt,
zittere ich, umgeben von angriffslustigen Völkern,
stets auf der Hut, daß ein Feind aus einem Hinterhalt springt.
Wenn sich die Strafe darauf beschränkte, daß mir die teure
Gattin, das Vaterland und die Familie fehlt,
hätte kein Unglück als Cäsars bloßer Zorn mich getroffen –
ist denn der bloße Zorn Cäsars nicht Unglück genug?
Trotzdem ist da ein Mensch, der die blutenden Wunden noch aufreißt,
der mit Verleumdung beredt von meinen Sitten erzählt?
Liegt eine Sache so einfach, hat jeder Maulheld gut reden,
und die geringste Kraft bringt, was schon wackelt, zu Fall.
Mannhaft ist, Festungen niederzureißen und stehende Mauern.
Was schon gestürzt ist, darauf trampelt der Feigling herum.
Ich bin ein andrer als früher. Was trittst du den nichtigen Schatten?
Wozu wirfst du den Stein auf meine Asche, mein Grab?
Als er im Kriege noch kämpfte, war Hektor er selber, hingegen

den das Hämoniergespann schleifte, war Hektor nicht mehr.
Ebenso bin ich, bedenke es wohl, nicht mehr der, den du kanntest;
von dem Mann, der ich war, ist nur ein Schatten noch da.
Warum verfolgst du mit bitteren Worten so wild einen Schatten?
Reize, ich flehe dich an, nun meine Manen nicht mehr!
Alles, was man mir vorwirft, halte für wahr, und verleugne,
daß der Verirrung es mehr glich als der schurkischen Tat:
Sättige nur deinen Haß! Ich büße dafür als Verbannter:
Hart ist, *daß* ich verbannt, hart ist auch, *wo* ich es bin.
Selbst ein Henker wird mein Schicksal beklagenswert finden.
Einem jedoch im Gericht scheint es nicht trostlos genug.
Schrecklicher wütest du als der finstre Busiris, als jener,
der mit Feuer zum Glühn brachte den künstlichen Stier,
der, wie erzählt wird, den Stier dem Herrscher Siziliens schenkte
und das Werk seiner Kunst ihm mit den Worten empfahl:
»Dieses Geschenk bringt Nutzen, o König, ist mehr als ein Bildnis,
nicht nur die Form meines Werks hat deinen Beifall verdient.
Sieh es dir an! Der Stier läßt rechts an der Seite sich öffnen.
Dort wirf jeden hinein, dem du zu sterben bestimmst!
Sperre ihn ein und röste alsbald ihn auf langsamem Feuer!
Brüllen wird dann das Bild ganz wie ein wirklicher Stier.
Für eine solche Erfindung, um Gunst mit Gunst zu erwidern,
gib mir nun bitte den Lohn, wie mein Talent ihn verdient!«
Phalaris aber: »Bewundernswerter Erfinder von Strafen!
Steige hinein und weih selber dein Kunstwerk nun ein!«
Gleich auf dem Feuer schmorte er, wie er es grausam beschrieben,
und sein Wehegeschrei kam als Gebrüll aus dem Maul.
Aber was gehn mich die Sikuler an bei den skythischen Geten?
Wer du auch bist, auf dich fällt meine Klage zurück.
Und damit du an meinem Blut deinen Blutdurst auch stillen
kannst und dein lüsternes Herz jubelt, sosehr du begehrst,

höre: Ich litt unterwegs so viel zu Land und zu Wasser,
 daß es sicher auch dich schmerzte, wenn du es erführst.
Glaube mir, wenn man mich mit dem Ulixes vergliche, erschiene
 Neptuns Zorn in der Tat kleiner als Jupiters Zorn.
Also, wer du auch bist, beschuldige nicht mich aufs neue,
 nimm von der Wunde, die tief reicht, deine fühllose Hand!
Sorge, damit die Gerüchte von meinem Vergehn sich verlieren,
 dafür, daß meine Tat endlich zur Narbe verwächst.
Denke daran, daß das menschliche Schicksal uns heute emporhebt,
 morgen vernichtet. Auch du fürchte den Wechsel des Glücks!
Weil du aber – ich hätte das niemals für möglich gehalten –
 dich auf das heftigste sorgst, wie es denn mir nun ergeht:
Habe nur du keine Bange! Mein Los ist das schlimmste von allen.
 Wer den Cäsar verstimmt, bringt alles Leid über sich.
Und damit du es deutlicher siehst und nicht meinst, daß ich schwindle,
 wünsche ich dir, daß du selbst meine Strafe verbüßt.

XII

Westwinde lindern die Kälte schon bald nach dem Wechsel des Jahres.
Doch in der alten Stadt Tomi verharrt noch der Frost.
Nun hat der Widder, der wenig geschickt einst Helle entführte,
schon den Tag und die Nacht gleich in der Dauer gemacht.
Knaben und fröhliche Mädchen pflücken daheim jetzt die Veilchen,
die, obwohl niemand sie sät, sprießen auf ländlicher Flur.
Blumen in vielerlei Farben bedecken inzwischen die Wiesen,
Vögel verkünden den Lenz mit ihrem zwitschernden Lied.
Und die Schwalbe errichtet, entgegen dem Ruf einer schlechten
Mutter, unterm Gebälk für ihre Jungen ein Nest.
Saaten, die sich lang in den Furchen der Ceres verbargen,
keimen und sprießen nun zart aus der Erde hervor.
Und an den Ranken springen die Knospen, wo Weinstöcke wachsen.
Weit sind vom getischen Strand Weinbaugebiete entfernt.
Wo ein Baum sich erhebt, da schwillt ihm das Laub in den Zweigen.
Weit ist vom getischen Land jeglicher Baumwuchs entfernt.
Ferienzeit ist zu Haus, und der langen Reihe von Spielen
weicht auf dem lärmenden Markt Weibergeschwätz und Gezänk.
Zeit ist für Reiterspiele und Wettkampf mit leichteren Waffen
und für ein Spiel mit dem Ball oder dem wirbelnden Reif.
In das Wasser der Virgo springt nun die Jugend, nachdem sie
sich die Glieder gesalbt hat mit geschmeidigem Öl.
Leben kommt in die Bühne, und unterschiedlicher Beifall
braust, wie sonst auf dem Markt, aus drei Theatern hervor.
Viermal glücklich und mehr – ich weiß nicht zu sagen, wievielmal,
ist, wer die Hauptstadt jetzt ohne Verbote genießt.
Ich aber sehe den Schnee in der Frühlingssonne erst tauen.

Wasser schlägt man nicht mehr mit einem Beil aus dem See.
Eisfrei ist nun das Meer, und es fährt seinen knarrenden Wagen
nicht der sarmatische Hirt über den Hister wie einst.
Schiffe werden allmählich von irgendwo kommen und landen
und als Gäste den Kiel wenden zum pontischen Strand.
Eilig lauf ich dem Schiffsherrn entgegen, begrüße ihn, frage,
was er wohl bringt, wer er ist, und auch, woher er denn kommt.
Der wird wahrscheinlich, sonst wär es ein Wunder, nicht weit aus der Ferne
kommen, hat ohne Gefahr Nachbargewässer durchfurcht.
Selten nur kommt übers Meer von Italien herüber ein Kaufmann.
Diese Küste, die kaum Häfen hat, sucht er nicht oft.
Doch wenn er Griechisch versteht und vielleicht ein wenig Lateinisch,
wird mir mit ihm ein Gespräch um so willkommener sein.
Auch von der Meerenge her und der langen Propontis hat einer
mit seinem Segel vielleicht sicherem Südwind vertraut.
Wer es auch sei, er kann mir erzählen, was sich so herumspricht,
und für manches Gerücht Quelle und Zuträger sein.
Cäsars Triumphe möge er – dies mein Gebet – mir verkünden,
und daß Jupiter gibt, was die Latiner erflehn!
Daß du, aufrührerisches Germanien, nun doch vor dem großen
Feldherrn dein finsteres Haupt bis zu den Füßen verneigst!
Wer mir derlei erzählt, was mir wehtut, weil ich nicht dabei war,
der sei, so schnell es nur geht, in meinem Hause zu Gast.
Wehe, das Haus des Naso – jetzt steht es in skythischen Landen,
hier ist zur Strafe jetzt für meine Laren der Ort!
Götter, so gebt, daß es Cäsar mir nicht zum Wohnsitz bestimmt hat,
sondern zum Obdach auf Zeit, bis meine Strafe erlischt!

XIII

Siehe, ganz nutzlos – wozu war es gut denn, geboren zu werden? –
    kommt mit dem Ablauf der Zeit auch mein Geburtstag heran.
Lästiger Tag! Wozu schleichst du dich in das Jahr des Verbannten?
    Daß du den Jahren ein Ziel setztest, das käme dir zu!
Sorgtest du dich um mich, und nähmest du irgendwie Rücksicht,
    wärest du niemals so weit mir aus der Heimat gefolgt!
Dort, wo als Kind ich zum erstenmal dich, leider, erlebte,
    hättest du besser versucht, gleich auch mein letzter zu sein!
Hättest auch du, wie die Freunde es taten, damals zum Abschied
    dort in der Hauptstadt mir traurig gesagt: ›Lebe wohl!‹
Sag, was willst du am Pontus? Hat Cäsars Zorn etwa dich auch
    in der Eisregion äußersten Zipfel geschickt?
Hoffst du vielleicht, daß ich dich wie gewöhnlich in Ehren begehe,
    daß ein weißes Gewand nun meine Schultern verhüllt,
daß ich räuchernd mit Blumengebinden Altäre bekränze
    und daß ein Weihrauchkorn knistert in festlicher Glut,
daß ich zur Zeit der Geburt ein Kuchenopfer dir bringe
    und voller Andacht still spreche ein frommes Gebet?
Danach ist nicht mein Befinden, noch scheinen mir danach die Zeiten,
    daß mich dein Kommen vielleicht fröhlich zu stimmen vermag!
Eher noch paßten ein Traueraltar und Totenzypressen
    und das geschichtete Holz für die Verbrennung zu mir.
Und mir behagt es nicht, Weihrauch zu streun, der die Götter nicht umstimmt,
    auch kein frommes Gebet fällt vor Verzweiflung mir ein.
Ist es dennoch gestattet, mir eines heute zu wünschen:
    Kehre an diesen Ort nie wieder, bitte, zurück,

niemals, solange, am Ende der Welt beinahe, der Pontus,
den man zu Unrecht auch ›gastfreundlich‹ nennt, mich behält!

XIV

O ehrwürdiger Meister und Förderer du der Gelehrten,
treuer Freund meiner Kunst: Sage, wie steht es um dich?
Rühmst du als unantastbar mich noch, wie es einst deine Art war,
sorgst du auch jetzt noch dafür, daß man nicht ganz mich vergißt?
Liest du etwa noch voll Bewunderung meine Gedichte,
ausgenommen die ›Kunst‹, die sich am Künstler verging?
Tu es getrost, ich bitte dich, Kenner der neueren Dichtung,
pflege, so gut du vermagst, dort in der Hauptstadt mein Werk!
Mir ist bestimmt, in die Fremde zu gehn, aber nicht meinen Büchern,
sie verdienten es nicht, daß man sie straft wie den Herrn.
Oft schon wurde ein Vater verbannt in entlegene Länder,
doch in der Hauptstadt zu sein, blieb seinen Kindern erlaubt.
Mutterlos ist meine Dichtung aus mir geboren, wie Pallas.
Sie ist von meinem Stamm und meine Nachkommenschaft.
Sie leg ich dir ans Herz, und zumal sie nun völlig verwaist ist,
wird ihr sicherer Schutz um so beschwerlicher sein.
Drei von meinen Geschöpfen sind so verseucht wie ich selber,
doch die übrige Brut bringe mit Sorgfalt heraus!
Fünfzehn Bücher, die der Gestalten Verwandlung besingen,
wurden von ihres Herrn Untergang glücklich verschont,
Wär ich nicht vorher zugrundegegangen, so wäre, mit letzter
Hand redigiert, das Werk sicher zu Ruhm noch gelangt.
Nun ist es, fehlerhaft, doch in den Mund des Volkes gekommen,
falls das Volk überhaupt etwas im Mund von mir führt.
Füge den Büchern auch an – ich weiß ja nicht, was es wert ist –,
was dich jetzt von der Welt anderem Ende erreicht.
Wer dies liest, falls je ein Leser sich findet, bedenke

vorher, wo ich es schrieb und wie es jetzt um mich steht!
Nachsicht zollt er den Schriften, erfährt er, daß sie ein Verbannter
schrieb, der jetzt seine Zeit bei den Barbaren verbringt.
Staunen wird er, daß einer in so viel Unbill Gedichte
noch zu schreiben vermag mit seiner traurigen Hand.
Kummer hat mir die Begabung verdorben, die ja schon früher
nur ein kärglicher Quell war und nur kümmerlich floß.
Doch so bescheiden sie war, sie verlor sich aus Mangel an Übung;
lange vom Stumpfsinn bedrückt, ist sie nun gänzlich versiegt.
Bücher gibt es hier kaum, die mich locken und anregen könnten,
und statt des knisternden Buchs höre ich Waffengeklirr.
Niemand ist in der Gegend zu finden, wenn ich Gedichte
vorlesen möchte, der mir lauscht mit verständigem Ohr.
Nirgends kann ich allein sein, denn gegen die feindlichen Geten
steht ein befestigter Wall und ein verschlossenes Tor.
Irgendein Wort, ein Name, ein Ort ist mir oftmals entfallen;
niemanden, der es genau sagen kann, finde ich hier.
Oft – wie beschämend – versuch ich zu sprechen, doch fehlen die Worte,
so als hätte ich längst schon meine Sprache verlernt.
Immer nur thrakisch und skythisch klingt es mir um die Ohren;
dichten könnte ich schon, scheint es, in getischem Vers.
Glaub mir, ich fürchte, daß dies mein Latein schon verdorben hat, daß du
in meinen Schriften manchmal pontische Wendungen liest.
Wie das Büchlein auch sei – betrachte es also mit Nachsicht;
sieh als Entschuldigung meine Verhältnisse an!

Viertes Buch

I

Findest du Fehler – die gibt es wahrscheinlich – in meinen Büchlein,
dann betrachte die Zeit, Leser, als Rechtfertigung!
Ruhe, nicht Ruhm, erstrebte ich schreibend in der Verbannung,
und ich lenkte den Geist von meinem Ungemach ab.
Darum singt ja auch auf dem Feld der gefesselte Sklave,
der seine Arbeitslast leichter mit Singsang erträgt.
Darum singt auch der Schlepper; sich stemmend ans schlammige Ufer,
zieht er den schweren Kahn gegen die Strömung im Fluß.
Darum singt, der gemächlich im Takt das Ruder zur Brust holt
und es rhythmisch ins Meer taucht mit dem kräftigen Arm.
Stützt sich ermüdet der Hirt auf den Stab, oder sitzt er auf Steinen,
bringt er mit Flötenspiel auch seine Schafe zur Ruh.
Auch die Magd, die singend die tägliche Menge an Garn spinnt,
täuscht sich mit ihrem Gesang über die Mühe hinweg.
Mit der hämonischen Lyra vertrieb der betrübte Achilles,
wie man erzählt, seinen Gram, als man Briseïs ihm stahl.
Orpheus war, als er singend Wälder und Steine bewegte,
traurig, weil er zweimal seine Gemahlin verlor.
Mich, der am Pontus leben muß, tröstet gleichfalls die Muse;
sie allein ist mir treu in die Verbannung gefolgt,
ohne Furcht vor Verfolgung, vorm Schwert des sintischen Kriegers,
vor dem Meer und dem Wind und dem barbarischen Land.
Weiß sie doch auch, daß ich stürzte, weil eine Verirrung mich täuschte,
daß ich zwar schuldig bin, doch kein Verbrechen beging.
Jetzt ist sie mir vielleicht so geneigt, weil sie damals mir wehtat,
als sie gemeinsam mit mir noch unter Anklage stand.
Mir allerdings wäre lieber, ich hätte im Dienste der Musen,

der mir so nachteilig war, niemals die Hände gerührt!
Aber was fang ich nun an? Die Musen verlangen mein Opfer,
und, durch Schaden nicht klug, lieb ich die Dichtkunst noch jetzt.
Also betörte der Lotos der Schar des Ulixes den Gaumen
mit demselben Geschmack, der auch das Unheil enthielt.
Liebende spüren zumeist ihren Kummer, jedoch daran hängend,
geben sie, was sie bedrückt, trotzdem noch lange nicht auf.
Dichten erfreut auch mich, obwohl es mir Unglück gebracht hat,
und ich habe den Pfeil, der mich verwundete, gern.
Mag dieser Eifer vielleicht auch manchem wie Wahnsinn erscheinen,
so ist der Wahnsinn doch nicht ohne Nutzen für mich.
Er bringt den Geist davon ab, unentwegt auf das Unglück zu starren,
und er bewirkt, daß man das, was einem zustößt, vergißt.
Wie die Bacchantin die Wunde nicht spürt, wenn sie blutig verletzt ist,
weil sie sich heulend betäubt mit dem idäischen Lied,
so erhebt sich, sobald meine Brust der grünende Thyrsos
wärmend bewegt, mein Geist über das menschliche Leid.
Daß ich verbannt bin ans Ufer des Skythischen Meeres, und daß er
selbst die Götter in Wut brachte, das macht ihm nichts aus.
Und als hätte ich Becher voll Schlaftrunk der Lethe genossen,
schwindet in mir das Gefühl für die mißliebige Zeit.
Also verehr ich mit Recht die Göttinnen, die meine Leiden
lindern, vom Helikon mir folgten auf ängstlicher Flucht,
denen ich würdig erschien, daß sie mir zu Land und zu Wasser
folgten, sowohl auf dem Schiff als auch zu Fuß unterwegs.
Mögen wenigstens sie zu mir halten! Denn mit dem erhabnen
Cäsar halten es nun andere Götter vereint.
Unbill häufen sie auf mich so viel, wie es Sand gibt am Strande,
wie man Fische im Meer findet und Rogen im Fisch.
Leichter zählte man Blumen im Frühling und Ähren im Sommer
oder die Früchte im Herbst oder die Flocken im Schnee,

als die Qualen, die ich, den ganzen Erdkreis durchquerend
zum Euxinischen Meer, auf meiner Reise erlitt.
Bei meiner Ankunft jedoch erging es mir auch nicht viel besser.
Auf dem Fuße ist mir hierher mein Unglück gefolgt.
Hier erkenne ich meinen Lebensfaden auch wieder:
Schwarz ist die Wolle, aus der lang schon das Schicksal ihn spinnt.
Schweigen will ich von Anschlägen und von Gefahr für mein Leben;
wahr sind sie wohl, jedoch glaubhaft erscheinen sie kaum.
Sondern mein Elend ist, unter Bessen und Geten zu leben,
der ich so lange bekannt war bei den Leuten in Rom!
Was für ein Elend, sein Leben durch Tor und Mauern zu schützen,
wenn eine Stadt kaum genug Kraft hat, um sicher zu sein.
Als ich ein Jüngling war, mied ich die bitteren Mühen im Kriegsdienst,
und nur aus Freude am Spiel nahm ich die Waffen zur Hand.
Nunmehr, im Alter, häng ich das Schwert an die Seite und schultre
links einen Schild, und den Helm setz ich aufs schneeweiße Haar.
Denn sobald bei Gefahr auf dem Wachtturm der Posten Alarm schlägt,
leg ich mit zitternder Hand schleunigst das Waffenkleid an.
Drohend mit Bogen und an der Spitze vergifteten Pfeilen,
kreist auf schnaubendem Pferd wild um die Mauern der Feind.
Und wie der reißende Wolf das Schaf, das nicht in den Stall ging,
über das Feld, durch den Wald hetzt und es packt und verschleppt,
ebenso jagt der barbarische Feind einen einzelnen, den er
aufgespürt draußen im Feld und der das Tor nicht erreicht.
Entweder muß der Gefangne ihm folgen, den Hals in der Schlinge,
oder er stirbt an dem Gift, wenn ein Geschoß ihn ereilt.
In die verängstigte Stadt hat es mich als Neuling verschlagen.
Wehe, wie langsam die Zeit meiner Verbannung verstreicht!
Dennoch: die Muse nimmt in der Fremde es auf sich, den alten
Dienst zu versehn und, dem Leid trotzend, zu schlagen den Takt!
Aber es fehlt mir an einem, vor dem ich die Verse dann spreche,

der das lateinische Wort mit seinen Ohren vernimmt.
Nur für mich selbst – was soll ich sonst tun? – muß ich schreiben und lesen,
und so bleibt dem Gedicht jegliches Urteil erspart.
Dennoch frage ich oft: »Für wen ist die Mühe von Nutzen?
Lesen Sarmaten etwa oder die Geten mein Buch?«
Auch hab ich Tränen, während ich schrieb, des öftern vergossen
und mit dem tropfenden Naß, was ich geschrieben, verwischt.
All die uralten Wunden empfindet mein Herz noch wie neue,
schwermütig rinnt mir ein Strom Tränen hinab auf die Brust,
wenn ich vergleiche, wer ich einst war und was aus mir wurde,
und wenn mir einfällt, woher hierhin mein Los mich verschlug.
Daß es verbrenne, warf meine Hand, wie von Sinnen und wütend
auf ihren Eifer und sich, oft mein Gedicht in die Glut.
Also lies, weil es wenig ist, was von Vielem zurückblieb,
wer auch immer du bist, nachsichtig das, was ich schrieb!
Nimm denn auch du mit dem Werk, das nicht besser ist als meine Lage,
wohlwollend diesmal vorlieb, du mir verbotenes Rom!

II

Jetzt hat wohl wie der ganze Erdkreis das wilde Germanien,
von den Cäsaren besiegt, endlich die Knie gebeugt,
und der Kaiserpalast wird mit Girlanden umwunden,
Weihrauch verdüstert den Tag, qualmend aus knisternder Glut.
Weiß ist das Opfertier, das man heranführt; man schlitzt ihm den Hals auf,
daß es sein purpurnes Blut über den Boden verströmt.
Beide Cäsaren, die Sieger, bringen den freundlich gesinnten
Göttern im Tempelbezirk Opfer dar, wie sie gelobt,
auch die Jünglinge, die in Cäsars Namen nun reifen,
auf daß das Kaiserhaus immer die Erde regiert!
Livia bringt mit den trefflichen Schwiegertöchtern den Göttern
Gaben dafür, daß ihr Sohn lebt, wie in Zukunft noch oft.
Ehrbare Frauen folgen ihr, Mädchen, die makellos wachen
über die heilige Glut, ewig in Jungfräulichkeit.
Jubeln wird das ergebene Volk, der Senat und der Stand der
Ritter – ich selbst war davon jüngst ein bescheidener Teil.
Fern und verbannt, bin ich um die gemeinsamen Freuden betrogen,
nichts als ein schwaches Gerücht kommt erst verspätet zu mir.
Große Triumphe wird also das ganze Volk sich mitansehn;
Fürsten und Städte, besiegt, werden beim Namen genannt.
Könige sieht man in Ketten, den Nacken gebeugt, und sie gehen
Pferden und Reitern voran; die sind mit Kränzen geschmückt.
Einige finden sich ab, und man sieht sie gesenkten Gesichtes,
andre verachten ihr Los, immer noch schrecklich und stolz.
Manch einer fragt nach dem Grund, nach der Beute und auch nach dem Namen,

manch einer, der es kaum weiß, antwortet trotzdem sogleich:
»Der da, der, in sidonischem Purpur leuchtend, herausragt,
führte den Feind in den Krieg. Der war der Höchste nach ihm.
Dieser da – jetzt ist sein Blick ziemlich kläglich zur Erde gerichtet –
zog ein ganz andres Gesicht, als er noch Waffen besaß!
Jener, der immer noch wild und feindselig blickt in die Runde,
drängte am meisten zur Schlacht, hetzte die anderen auf.
Heimtückisch lockte die Unsern in Hinterhalt der daneben,
der unter zottigem Haar scheu seine Fratze versteckt.
Und der dahinter hat als Priester Gefangne geschlachtet,
sagt man; aber ihr Gott nahm diese Opfer nicht an.
Dies sind die Namen von Seen, Bergen, von Burgen und Flüssen,
wo unter Strömen von Blut wilde Gemetzel geschahn.
Drusus erwarb sich in diesem Gebiet einst den löblichen Namen,
den auch der treffliche Sohn, würdig des Vaters, erhielt.
Dort kommt der Rhein mit gebrochenen Hörnern und häßlich gehüllt in
grünendes Schilf, denn verfärbt war er vom eigenen Blut.
Seht! Dort trägt man Germania auch mit wehenden Haaren!
Dem überlegenen Herrn sitzt sie zu Füßen voll Gram,
und ihren mutigen Nacken beugt sie dem römischen Beile.
Fesseln trägt nun die Hand, welche die Waffe einst schwang.«
Sie alle wirst du, Cäsar, im Siegesgespann überragen,
zeigst dich, wie es sich ziemt, purpurgewandet dem Volk.
Wo du auch hinkommst, dein Volk wird klatschend die Hände erheben,
und man streut auf den Weg Blumen von überallher.
Lorbeer des Phoebus umkränzt dir die Schläfen, und deine Soldaten
rufen »Hurra!« dir zu, singen »Hurra!« und »Triumph!«
Sehen wirst du, wie im rauschenden Beifall, im Lärm des Gesanges
vor deinem Vierergespann manches der Pferde dann scheut.

Daraufhin fährst du zur Burg, zu den Stätten erfüllter Gelübde;
  Jupiter wird, wie gelobt, ehrender Lorbeer gebracht.
Aus der Entfernung will ich das sehn, wie ich's kann mit dem Geiste,
  denn der hat noch ein Recht auf den verlorenen Platz.
Frei kann der Geist die endlosen Weiten der Länder durchmessen,
  und auf dem kürzesten Weg fliegt er zum Himmel empor.
Er vermag meine Augen hinein in die Hauptstadt zu führen,
  er hält mich schadlos dafür, daß mir die Freude entgeht.
Vorstellen werde ich mir auch den elfenbeinernen Wagen.
  So bin ich sicher einmal für eine Weile zu Haus.
Aber das Volk wird in Wirklichkeit sich an dem Schauspiel erfreuen,
  und die Menge ist froh mit ihrem Feldherrn vereint.
Ich aber kann mir das alles nur einbilden aus der Entfernung;
  mit meinen Ohren nur habe ich teil am Genuß.
Und an das Ende der Welt aus Latium, wie ich es wünsche,
  findet kaum einer den Weg, der mir das alles erzählt.
Kommt aber einer, so meldet er spät mir verjährte Triumphe.
  Doch, wann auch immer, ich hör freudig die Nachricht mir an.
Einmal wird kommen der Tag, da ist meine Trauer zu Ende.
  Mehr als das eigene Wohl gilt das Gemeinwohl mir dann.

III

Großer und Kleiner Bär, ihr kalten Gestirne, die ihr die
Schiffe, die griechischen eins, eins die sidonischen lenkt,
da ihr ja alles erspäht aus der Höhe des Himmelsgewölbes
und gegen Abend hin niemals im Meere versinkt,
da eure Kreisbahn die Feste des Himmels umschlingt und die Erde
nirgends berührt, sondern stets sichtbar sie weit überragt,
schaut auf die Mauern, ich bitte euch, die einst der Sage nach Remus,
Ilias Sohn, übersprang, was ihm sehr übel bekam!
Richtet die strahlenden Blicke sodann auf meine Gemahlin!
Ob sie noch meiner gedenkt, meldet mir dann, oder nicht.
Aber warum ist mir bange? Ich frage nach dem, was gewiß ist!
Warum vermischt sich mit Furcht stets meine Hoffnung und schwankt?
Glaube, es ist, wie du wünschst, und sorg dich nicht darum was feststeht,
halte getreu daran fest, daß sie die Treue dir hält!
Was die am Himmel haftenden Sterne zu sagen sich weigern,
sag deine Stimme dir selbst, die dich gewiß nicht belügt:
Daß sie deiner gedenkt, um die du am tiefsten besorgt bist,
daß sie den Namen noch ehrt, der ihr allein von dir blieb.
Deine Gesichtszüge hat sie vor Augen, als wärst du noch bei ihr.
Über die Ferne hinweg liebt sie dich, wenn sie noch lebt.
Flieht wohl, sobald sie sich traurig dem Schmerz, der berechtigt ist, hingibt,
lindernder Schlaf ihre Brust, die voll Erinnerung ist?
Steigt, wenn mein leeres Bett und mein Platz dich rührt, nicht dein Kummer?

Wird das Vergessen dir nicht dadurch unmöglich gemacht?
Wird dir nicht heiß vor Angst, und erscheint dir die Nacht nicht unendlich,
wälzt sich dein müder Leib nicht unter Schmerzen herum?
Zweifel hege ich nicht, daß du dies und noch anderes durchmachst,
daß du durch Zeichen der Qual klar deine Liebe bezeugst.
Und du leidest wie die Thebanerin, als sie den Hektor
sah, wie er blutig geschleift ward vom Thessaliergespann.
Aber ich schwanke: Wofür soll ich beten? Ich könnte nicht sagen,
welche Gefühle ich gern wüßte in deinem Gemüt.
Trauerst du? Das tut mir weh, denn ich bin der Grund deines Schmerzes.
Nicht? Dann hast du verdient, daß man den Mann dir entriß!
Leide doch lieber an deinem Verlust, du süßeste Gattin,
und eine traurige Zeit bringe mein Mißgeschick dir!
Und mein Unglück beweine! Denn Weinen ist auch eine Wohltat.
Tränen verlangt ja der Schmerz, und sie besänftigen ihn.
Besser noch, wenn nicht mein Leben ein Anlaß zur Trauer dir wäre,
sondern mein Tod, und allein wärest du, weil ich verstarb!
Dann wär bei dir zu Hause mein Geist in die Lüfte entwichen,
hätte dein Tränenstrom noch meinen Leichnam benetzt,
hätten mir deine Finger am letzten Tage die Augen
zugedrückt, wo ihr Blick Gegenden sah, die er kennt;
und meine Asche würde im Grabmal der Väter bestattet,
Erde, auf der ich als Kind lag, die bedeckte mich nun.
Schließlich wäre ich schuldlos gestorben nach schuldlosem Leben.
Nun ist das Leben mir ganz durch meine Strafe verhaßt.
Weh über mich, wenn du, sobald man dich ›Frau des Verbannten‹
nennt, dein Gesicht verbirgst, weil es sich rötet vor Scham!
Weh über mich, wenn die Ehe mit mir dir schimpflich erschiene!
Weh über mich, wenn du Scham fühltest, die Meine zu sein!

Wo ist die Zeit, da ich als dein Mann mit Stolz dich erfüllte,
da du noch nicht verbargst, welch einen Namen er trägt?
Wo ist die Zeit, als du – falls du dich nicht ungern erinnerst –
froh warst, ich weiß es noch jetzt, nannte man dich meine Frau?
Redlich nahmst du mich an mit all meinen Gaben und Fehlern;
manch einen Vorzug tat noch deine Liebe hinzu.
Keinen gab es, den du mir vorzogst, ich schien dir der Beste;
keinen hättest du wohl lieber den Deinen genannt.
Daß du mit mir verheiratet bist, soll auch jetzt dich nicht reuen.
Leide nur darunter nicht! Das sei kein Anlaß zur Scham!
Lasest du etwa, als plötzlich den kühnen Kapaneus ein Blitzschlag
traf, sei Euadne, sein Weib, schamrot geworden darum?
Und als der Herrscher der Welt das Feuer mit Feuer erstickte,
sagte von Phaëthon doch keiner der Seinen sich los.
Auch war Semele dem Vater Kadmos noch längst keine Fremde,
nur weil sie eitel sich selbst tötete durch ihr Gebet.
Also soll, nachdem Jupiters grimmiger Blitz mich gefällt hat,
über dein zartes Gesicht niemals sich Schamröte ziehn.
Lieber raffe dich auf, und mich zu verteidigen trachte,
stell dich als Beispiel heraus für ein treusorgendes Weib!
Tritt dem bitteren Schicksal mit deiner Tugend entgegen!
Steil und beschwerlich ist immer die Straße des Ruhms.
Wer hätte Hektor gekannt, wär Troja glücklich geblieben?
Ist das Gemeinwohl bedroht, findet die Tugend den Weg.
Tiphys, was wär deine Kunst, wenn das Meer sich nicht stürmisch bewegte?
Blieben wir Menschen gesund – Phöbus, was wär deine Kunst?
Unerkannt hält sich im Glück die Tugend verborgen und zaudert,
aber offen und klar tritt sie im Unglück hervor.
Möglich wird dir durch mein Schicksal, zu Ehren zu kommen; es fordert,

daß deine Treue ihr Haupt jedermann sichtbar erhebt.
Nutze die Zeit! Sie fordert entschieden von dir nun ein Opfer,
öffnet ein weites Feld, wo du Verdienste erwirbst.

IV

O der du edelgeboren bist durch die Namen der Ahnen,
der seinen Adel noch selbst, so, wie er lebt, überragt,
der in sich selbst ein Abbild des redlichen Vaters bewahrt hat,
so daß es seiner Kraft auch nicht an Redlichkeit fehlt,
der du begabt bist mit der Redegewandtheit des Vaters,
die auf den Foren von Rom niemand noch je übertraf!
Wenn ich auch deinen Namen durch Zeichen zu decken versuchte,
wirst du erkannt! So verzeih dies deinem eigenen Ruhm!
Ich kann ja nichts dafür. Dich verrät, daß dein Können bekannt ist.
Kommt es heraus, wer du bist, trifft mich gewiß keine Schuld.
Aber ich nehme nicht an, daß ein Herrscher, der vollauf gerecht ist,
dir die Ehrfurcht verargt, die mein Gedicht dir erweist.
Denn der Vater des Vaterlands – leutselig ist er wie keiner –
duldet ja auch, daß ihn selbst oft meine Dichtung erwähnt.
Hindern kann er mich nicht, denn der Cäsar ist Cäsar für alle,
und auch ich hab ein Recht darauf, was allen gehört.
Jupiter stellt seine Gottheit dem Dichtertalent zur Verfügung,
ihn zu verherrlichen ist jeglicher Stimme erlaubt.
Sicherheit bieten dir also gleich zwei von den himmlischen Wesen;
dieser ist sichtbar als Gott, der ist durch Glauben ein Gott.
Dennoch, auch wenn ich nicht muß, hab ich einen Vorwurf zu tragen:
Solch einen Brief von mir hast du dir niemals erhofft.
Aber die Zumutung ist nicht neu, daß ich jetzt mit dir spreche,
denn ich sprach dich oft an, als noch kein Urteil mich traf.
Ängstige dich um so weniger, daß meine Freundschaft dir schade;
sagt man dir Schändliches nach, trifft es den Vater zuerst.
Seit meinen frühesten Jahren habe ich stets deinen Vater

nämlich – das wirst du wohl nicht abstreiten wollen – verehrt.
Meiner Begabung hat er – du kannst dich gewiß noch erinnern –
größere Achtung gezollt, als sie mir würdig erschien,
und in der Art, wie er manchmal sich über meine Gedichte
äußerte, sprach sich ein Teil seiner Vortrefflichkeit aus.
Also nicht du bist, weil dein Haus mich so freundschaftlich aufnahm,
etwa von mir getäuscht, sondern dein Vater zuerst.
Aber es war keine Täuschung, das glaub mir! Mit all meinen Taten
könnte mein Leben bestehn, wenn du die letzte vergißt.
Auch was mich stürzte, wirst du gewiß nicht als Schandtat bezeichnen,
wenn dir bekannt ist, durch welch schlimme Verkettung es kam.
Mein Verhängnis war Furcht oder Irrtum, noch eher ein Irrtum.
Ach! Daran denk ich nicht gern. Lasse mich damit in Ruh!
Reiß nicht wieder die Wunden, die noch nicht gänzlich vernarbt sind,
auf durch Berührung! Auch so heilen sie langsam genug.
Büße ich also mit Recht, so stand mir bei meiner Verfehlung
ruchlose Absicht und auch jegliche Niedertracht fern.
Das war dem Göttlichen klar, denn er nahm mir darum nicht das Leben,
ließ mir mein Hab und Gut, das nun kein andrer besitzt.
Wenn ich nicht sterbe, wird er vielleicht die Verbannung beenden
dereinst, sobald sich sein Zorn mildert im Laufe der Zeit.
Jetzt ist mein Wunsch nur, er gebe Befehl, daß ich anderswo lebe,
wenn mein Verlangen ihm nicht allzu vermessen erscheint.
Mir wär ein Ort der Verbannung willkommen, gelinder und etwas
näher gelegen, und weit fort von dem wütenden Feind.
Großmütig ist ja Augustus, so daß, wenn ihn jemand statt meiner
bittet, er dann vielleicht auch meine Bitte erfüllt.
Mich hält des Pontus Euxinus frostige Küste gefangen.
Axenus nannte man ihn besser in früherer Zeit.
Nicht nur durch mäßige Winde kommt hier das Meer in Bewegung:

nirgends findet ein Schiff friedliche Häfen hier vor.
Völker leben ringsum, die um Blutzoll sich Beute verschaffen,
und wie vom tückischen Meer droht auch vom Land her Gefahr.
Die, wie du hörst, sich dran weiden, Menschenblut zu vergießen,
leben mit mir beinah unter demselben Gestirn.
Tauris ist hier nicht weit, wo die köchertragende Göttin
an ihrem grausen Altar Menschen zum Opfer erhält.
Dies war einst, wie erzählt wird, des Thoas Reich, das Verruchte
neidlos ließ, aber auch niemals den Guten gefiel.
Hier hat der Göttin, die sie als Hirschkuh entführte, die Jungfrau
Iphigenie manch scheußliches Opfer gebracht.
Und als Orestes, gejagt von den Furien, später hierherkam
– niemand weiß, ob er fromm oder verbrecherisch war –,
mit dem phokäischen Freund, einem Muster wahrhaftiger Liebe,
beide wohl körperlich zwei, aber im Geiste vereint,
führte man sie sogleich zu dem düstren Altar hin in Fesseln,
der vor der doppelten Tür ragte, von Blut überströmt.
Keiner jedoch von beiden erschrak vor dem eigenen Tode;
jeder war nur betrübt über des anderen Tod.
Und schon stand die Priesterin da mit gezogener Klinge,
und um ihr griechisches Haar lief ein barbarisches Band,
da erkannte im Wechselgespräch Iphigenie den Bruder,
und statt dem Tod ihn zu weihn, hat sie ihn innig umarmt.
Freudig trug sie der Göttin Bild, die die schrecklichen Opfer
längst nicht mehr wollte, hinweg in ein viel besseres Land.
Solch eine Gegend, das Ende der Welt fast, das Menschen und Götter
lieber verlassen, liegt also der meinen so nah.
Menschenopfer geschehen sogar meinem Lande benachbart,
wenn ein Naso ›sein‹ nennt ein barbarisches Land!
Brächten die Winde, mit denen Orestes davonfuhr auch meine
Segel zurück zu dem Gott – wäre er endlich versöhnt!

V

Du warst der erste unter den auserwählten Gefährten,
einzige Zuflucht du, als es mir übel erging!
Durch deinen Zuspruch erholte die Seele sich nahe dem Tode
wie eine Flamme, sobald Öl darauf tropft, sich erhellt.
Du hast dich nicht gescheut, einen sicheren Hafen zu öffnen,
der meinem Schiff, das der Blitz traf, einen Unterschlupf bot.
Du hättest mich mit deinem Vermögen nicht Not leiden lassen,
hätte es Cäsar beliebt, mir den Besitz zu entziehn.
Beinahe habe ich – wehe! – nun doch deinen Namen verraten,
denn ich vergesse die Zeit, und das Gefühl reißt mich hin.
Du aber heißt es wohl gut, und von Geltungsbedürfnis ergriffen,
sagtest du sicher ganz gern öffentlich: »Ja, das bin ich!«
Wenn du es duldetest, hätte ich gern dir ein Loblied gesungen
und deine seltene Treu unter die Leute gebracht.
Aber ich fürchte, dir doch durch mein Dankgedicht Schaden zu bringen
und, wenn zur Unzeit ich dich ehre, dir lästig zu sein.
Darum freu dich im stillen – das ist ja erlaubt und gefahrlos –
daß ich noch immer an dich denke und du zu mir hieltst!
Leg dich ins Ruder, versuch mir in meinem Ringen zu helfen,
bis der besänftigte Gott günstige Winde mir schickt!
Setze dich ein für einen, den niemand rettet, es sei denn,
der ihn hinab in den Styx schleuderte, holt ihn heraus.
Halte, so selten das ist, dich in unverbrüchlicher Freundschaft
standhaft dazu bereit, Nützliches für mich zu tun!
Dann soll dein Glück im Laufe der Jahre sich immer noch mehren,
daß du der Hilfe, die du andern erweist, nicht bedarfst.

Möge dann allzeit dein Weib ihrem Gatten an Trefflichkeit gleichen,
und im Ehegemach trenne euch selten ein Streit!
Möge dein leiblicher Bruder dich stets mit denselben Gefühlen
lieben, wie Kastor sie auch zärtlich der Bruder bezeigt.
Dann soll dein reifender Sohn dir ähneln, und jeder erkenne
an seinem Anstand sofort, daß er der deinige ist!
Mache zum Brautvater dann dich die Hochzeitsfackel der Tochter,
Großvater rufe man dich bald schon, so jung du auch bist!

VI

Willig zieht mit der Zeit der Stier des Bauern die Pflugschar,
  duldet es, daß ihm den Hals beugt das gebogene Joch.
Auch ein stürmisches Pferd gehorcht mit der Zeit seinen Zügeln;
  friedlich hat sich sein Maul an die Kandare gewöhnt.
Und mit der Zeit wird die Wut des punischen Löwen gebändigt,
  und so wild wie zuerst bleibt sein Gebaren nicht lang.
Auch der indische Elefant, der dem Führer Gehorsam
  leistet, hat seinem Dienst sich mit der Zeit erst gefügt.
Zeit ist vonnöten, damit voll schwellender Beeren die Traube
  wächst und kaum noch den Most in sich zu halten vermag.
Zeit bringt auch die gelblichen Ähren hervor aus dem Samen,
  und sie verhindert, daß Obst saures Aroma behält.
Sie ist es, die beim Pflügen den Zahn der Pflugschar so dünn macht,
  sie schleift hartes Gestein und Diamanten sogar.
Sie auch bringt den grimmigen Zorn allmählich zur Ruhe,
  Schwermut mildert sie ab, tröstet das trauernde Herz.
Alles erreicht die leise verstreichende Zeit auf die Dauer,
  aber das eine wohl nicht: daß meine Sehnsucht vergeht.
Seit mir das Vaterland fehlt, wurde zweimal Getreide gedroschen,
  ist unter nacktem Fuß zweimal die Traube geplatzt.
Doch die ersehnte Geduld hab ich nicht in dem Zeitraum erworben,
  und als wär es ganz frisch, spür ich noch immer mein Leid.
Sträuben sich gegen das Joch doch zuweilen auch ältere Stiere,
  und ein gebändigtes Pferd weist noch die Zügel zurück.
Heute ist qualvoller noch meine Schwermut sogar als am Anfang;
  ist auch der Anlaß noch gleich, wuchs sie und stieg mit der Zeit.
Damals vermochte ich nicht wie jetzt meine Not zu durchschauen;

heute nun kenne ich sie, und sie bedrückt mich noch mehr.
Viel bedeutet es auch, mit frischen Kräften zu trotzen,
hat ein Ungemach uns nicht durch die Dauer verbraucht.
Stärker betritt ein neuer Ringer die gelbe Arena
als ein Mann, dessen Arm schlaff ward im Laufe der Zeit.
Ein Gladiator verteidigt in glänzender Rüstung sich besser
als ein Mann, dessen Blut schon seine Waffe verfärbt.
Gut übersteht ein Schiff, das gerade erbaut ist, den Seesturm,
aber ein altes zerschellt schon bei Gewitter auf See.
Ebenso trug auch ich, was ich tragen muß, früher gefaßter
als den Kummer, der nun täglich mich heftiger quält.
Glaubt mir, mein Ende ist nah, und soweit mir mein Körper vertraut ist,
seh ich voraus, daß mein Leid gar nicht mehr lange mich quält.
Denn ich besitze nicht mehr die Kraft und die Farbe wie früher;
kaum daß das magere Fleisch noch meine Knochen bedeckt.
Aber noch hinfälliger als mein Leib ist mein Geist, der beständig
über den eigenen Schmerz sich in Betrachtung versenkt.
Ohne den Anblick der Hauptstadt, die Pflichten und meine Gefährten
und, was das teuerste ist: ohne mein Weib bin ich hier.
Skythisches Pack nur ist um mich und Getengesindel in Hosen.
Mich regt auf, was ich seh, und daß mir andres entgeht.
Eines jedoch wird mich hoffentlich trösten in dieser Verbannung:
daß mich ein baldiger Tod aus meinem Unglück erlöst.

VII

Zweimal kam nach dem eisigen Winterfrost zu mir die Sonne,
zog, an das Sternbild des Fischs streifend, schon zweimal die Bahn.
Warum schriebst du mir nicht in der langen Zeit, wie es recht wär,
wenigstens nur ein paar Verse mit eigener Hand?
Warum ließ deine Freundschaft nach, während andere schrieben,
die mit mir allerdings seltener Umgang verband?
Warum hab ich, sooft ich vom Brief den Faden entfernte,
immer gehofft, daß von dir endlich die Unterschrift sei?
Mögen die Götter es geben, daß du mir schon mehrere Briefe
schriebst, von den vielen jedoch keiner den Weg zu mir fand!
Sicher verhält es sich so. Eher glaub ich, daß Gorgo Medusa
trug auf dem Haupte statt Haar wirklich ein Schlangengewirr,
daß eine Jungfrau mit Hunden geschwängert ist, daß die Chimaera
schreckliche Flammen speit, Schlange und Löwin zugleich,
daß es vierfüßige Wesen gibt, von der Brust herauf Menschen,
einen dreileibigen Mann, einen dreiköpfigen Hund
und eine Sphinx, die Harpyien, Giganten mit Füßen wie Schlangen,
Gyas, der hundertfach greift, und einen Mann, halb ein Stier.
Das alles glaube ich eher, als daß du, mein Teuerster, der du
immer dich wegen mir sorgst, plötzlich dich anders besinnst.
Zahllose Berge und Straßen und Flüsse und Ebenen liegen
doch zwischen dir und mir, Meere – ich weiß nicht, wieviel.
Tausend Gründe sind denkbar, daß von den Briefen, die du mir
sicherlich häufig schickst, selten mich einer erreicht.
Schreib mir noch öfter, die tausend Gründe besiege, damit ich
nicht fortwährend bei mir, Freund, dich entschuldigen muß.

VIII

Ähnlich werden schon meine Schläfen den Federn des Schwanes,
und in mein schwarzes Haar streut nun das Alter sein Weiß,
und die gebrechlichen Jahre, der schlaffere Abschnitt des Lebens,
fangen nun an; ich bin schwach, trage nur mühsam mich selbst.
Jetzt wär es Zeit, meines Lebens beschwerlichen Teil zu beenden,
sorglos hätte ich mich endlich zur Ruhe gesetzt;
Muße, die meinem Wesen schon immer entsprach, und mich meinen
Neigungen ganz zu weihn, wär jetzt das Rechte für mich,
für mein bescheidenes Haus und die alten Penaten zu sorgen
und für mein Erbteil, das Gut, das ja nun herrenlos ist.
Altern könnte ich nun an der Brust meiner Frau, bei den lieben
Freunden, im Vaterland sorglos und ohne Gefahr.
Solch einen Lebensabend hoffte ich einst zu erleben,
und ich verdiente, daß ich so meine Jahre beschloß.
Anders schien es den Göttern, die mich über Länder und Meere
jagten: Sie setzten mich aus fern im sarmatischen Land.
Schadhafte Schiffe befördert man schnell in schützende Werften,
um sie nicht mitten im Meer hilflos verlassen zu sehn.
Und damit es nicht stürzt und die vielen erworbenen Palmen
schändet, weidet das Pferd, wenn es erschöpft ist, sein Gras.
Kommt ein Soldat in die Jahre, in denen er nicht mehr zum Dienst taugt,
bringt er dem uralten Lar wieder den Schild, den er trug.
Ebenso wär es jetzt Zeit, da mich das entkräftende Alter
schwerfällig macht, daß man mich mit einem Holzstab beschenkt.
Jetzt wär es Zeit, nicht länger in fremder Gegend zu leben
und aus getischem Quell dürftig zu stärken den Durst.

Sondern ich sollte den stillen Park, den ich hatte, durchschlendern
oder im Trubel der Stadt mich unter Menschen ergehn.
So gedachte ich einst, als ich nichts von dem Künftigen ahnte,
mich als alternder Mann friedlich der Muße zu freun.
Aber mein Schicksal verwehrte es, das meine früheren Jahre
angenehm hingehen ließ und mir die späten vergällt.
Fünf Jahrzehnte schon habe ich unangefochten bestanden;
schlecht ergeht es mir jetzt, da mein Kraftquell versiegt.
Und nicht weit von dem Ziel, das ich fast, wie es schien,
schon erreichte,
stürzte mein Wagen um, daß er in Stücke zerbarst.
War ich also so töricht, den Grimm des Mannes zu wecken,
der auf der ganzen Welt als der sanftmütigste gilt?
Habe ich etwas verbrochen, das so viel Güte vernichtet?
War die Verirrung der Grund, daß ich das Leben behielt?
Muß ich, dem Vaterland fern, im Norden mein Leben beenden,
wo des Euxinischen Meers westliche Küste verläuft?
Wär mir in Delphi und Dodona derlei vorausgesagt worden,
hätte der Lüge ich doch beide Orakel geziehn.
Nichts ist so fest, und wär es mit Stahl zusammengeschmiedet,
daß es dem glühenden Blitz Jupiters standhalten kann.
Nichts ist so hoch in der Luft, so über Gefahren erhaben,
daß es nicht unter dem Gott steht und sich ihm unterwirft.
Trifft mich durch eignes Verschulden auch ein Teil meines Unglücks,
brachte der göttliche Zorn doch mir den größeren ein.
Aber laßt denn auch ihr euch durch mein Verhängnis ermahnen,
würdig des Mannes zu sein, der schon den Himmlischen gleicht.

IX

Wenn es uns beiden gelingt, will ich Namen und Untat verschweigen,
und im Lethestrom sei deine Schande versenkt.
Noch mit verspäteten Tränen kannst du mich gnädiger stimmen.
Raffe dich auf! Dir steht frei, daß du dein Handeln bereust.
Raffe dich auf! Verurteile dich! Und sieh zu, daß dein Leben,
wenn du es irgend vermagst, sich von den Furien löst!
Tust du es nicht, und lodert der Haß gegen mich in dir weiter,
nötigt mit bitterer Schmerz Waffen zur Gegenwehr auf.
Bin ich ans Ende der Welt auch verschlagen, wie es mein Los ist,
wirst du dennoch erfaßt von meinem rächenden Arm!
All meine Rechte, damit du es weißt, hat mir Cäsar belassen,
und meine Strafe ist nur, daß mir das Vaterland fehlt.
Wenn es ihm wohlergeht, so hoff ich, er gibt es mir wieder,
grünt die Eiche doch oft, schwarz noch von Jupiters Blitz.
Sollte mir doch am Ende zur Rache die Möglichkeit fehlen,
stehen die Musen mir bei, geben mir Waffen und Kraft.
Wenn ich auch weit in der Ferne wohne an skythischen Küsten,
steht das kalte Gestirn auch meinen Augen sehr nah,
wird sich mein Aufschrei doch unter zahllosen Völkern verbreiten,
und in der ganzen Welt wird meine Klage bekannt.
Bis Sonnenaufgang und Sonnenuntergang dringt, was ich sage,
was man im Westen erzählt, das wird im Osten bezeugt.
Hören wird man mich über der Erde und über den Wogen,
laut wird auch fernerhin immer mein Hilferuf sein.
Nicht nur dein eigenes Zeitalter wird als Schurken dich kennen,
auch die Nachwelt erfährt immer aufs neue die Schuld.

Kampflustig bin ich schon jetzt, doch noch senke ich nicht meine Hörner,
und ich möchte auch nicht, daß du mir Grund dazu gibst.
Still ist noch die Arena. Doch ungestüm schleudert der Stier schon
Sand in die Runde, sein Huf stampft auf den Boden voll Wut.
Das ist schon mehr, als ich wollte. So blase denn, Muse, zum Rückzug,
wenn er mich noch dazu bringt, daß ich den Namen verschweig!

X

Wer ich, der heitere Dichter zärtlicher Liebe, gewesen,
Nachwelt, vernimm es nun, daß du auch weißt, wen du liest!
Meine Heimat ist Sulmo, reich an kalten Gewässern.
Neunzig Milien weit ist's von der Hauptstadt entfernt.
Dies der Geburtsort. Damit dir nun auch das Geburtsjahr bekannt ist:
Jeder der Konsuln fiel damals durch gleiches Geschick.
Daß ich zum Ritterstand zähle, ist, wenn das etwas bedeutet,
Erbteil der Ahnen und nicht jüngst erst erworben durch Glück.
Und nicht der Erstgeborene bin ich; nach einem Bruder,
ein Jahr älter als ich, kam ich als Zweiter zur Welt.
Beide sind wir beim Schein des Morgensternes geboren,
zweimal am selbigen Tag wurde ein Opfer gebracht:
Der von fünf festlichen Tagen der kriegerischen Minerva
war es, an dessen Beginn blutige Kampfspiele stehn.
Früh schon erhielten wir Bildung und wurden zu glänzenden Lehrern,
wie es der Vater gewollt, fort in die Hauptstadt geschickt.
Schon in der Jugend erwarb sich die Kunst der Rede mein Bruder;
Forum und Kampf mit dem Wort waren nach seiner Natur.
Ich aber fand schon als Knabe an göttlichen Dingen Gefallen;
in ihren Dienst hat mich heimlich die Muse gelockt.
Oft hat der Vater gesagt: »Was treibst du für brotlose Künste?
Selbst der Mäonier hat niemals Vermögen gehabt.«
Diese Ermahnung bewog mich, den Helikon ganz zu verlassen,
und ohne Versmaß hab ich Worte zu schreiben versucht.
Aber von selbst entstand ein Gedicht aus rhythmischen Silben,
und bei jedem Versuch wurde ein Vers, was ich schrieb.
Lautlosen Schrittes waren indessen die Jahre vergangen,

und mein Bruder und ich nahmen das Männergewand.
Auch ein purpurner Saum lag nun um unsere Schultern.
Was wir bis dahin getan, führten wir weiter mit Fleiß.
Eben erreichte mein Bruder das zweite Jahrzehnt seines Lebens,
als er verstarb, und ein Teil fehlt mir seither von mir selbst.
Ich empfing nun die ersten Würden, die Jünglingen zustehn,
und ich habe einmal zu den Dreimännern gehört.
Blieb noch die Kurie. Schmal hielt ich aber den Saum meiner Toga.
Das war denn doch eine Last, die meine Kraft überstieg.
Weder geistig noch körperlich war ich den Mühen gewachsen;
ruhloser Ämterjagd ging ich deshalb aus dem Weg.
Ohne Beruf zu sein, war der Rat der aonischen Schwestern,
denen nach eignem Entschluß stets meine Vorliebe galt.
Zeitgenössische Dichter verehrte ich damals aufs wärmste.
Traten sie auf – jedesmal glaubte ich, Götter zu sehn.
Älter als ich, las Macer mir öfter vor über Vögel,
über das Schlangengift und über heilendes Kraut.
Oft rezitierte Properz seine feurigen Liebesgedichte,
dessen Verhältnis zu mir sehr kameradschaftlich war.
Auch mit dem Epiker Ponticus und mit Bassus, bekannt durch
Jamben, habe ich oft herrliche Stunden verlebt.
Vielfach schlug auch Horaz, als er noch zur ausonischen Lyra
kunstvoll so manches Gedicht sang, meine Ohren in Bann.
Lediglich sehen konnt ich Vergil, und das bittere Schicksal,
welches Tibull erlitt, kam unsrer Freundschaft zuvor.
Nachfolger war er, Gallus, für dich, wie Properz der des andern.
Ich bin, vom Alter her, selbst ihnen als Vierter gefolgt.
Und wie die Älteren ich, so verehrten die Jüngeren mich auch,
und nicht lange, da war meine Thalia bekannt.
Als ich die Jugendgedichte zum erstenmal öffentlich vortrug,
hatte man mir erst den Bart ein- oder zweimal rasiert.

Meine Begabung weckte ein Mädchen, das dann in der Hauptstadt
jeder besang: Im Gedicht hab ich's Corinna genannt.
Vieles verfaßte ich zwar, doch was mir dann fehlerhaft vorkam,
hab zur Verbesserung ich selber ins Feuer getan.
Manches verbrannte ich auch, als ich fortmußte, das wohl gefallen
hätte, doch war ich in Wut auf meinen Fleiß und mein Werk.
Weich war mein Herz, von Cupidos Pfeilen leicht zu verletzen;
wenig genügte, damit ich in Erregung geriet.
Und obwohl ich so war und beim kleinsten Anlaß entflammte,
gab es nie ein Gerücht, das meinen Namen betraf.
Fast noch ein Knabe, erhielt ich eine, die weder würdig
war noch von Vorteil, zur Frau, und diese Ehe war kurz.
Schuldlos hielt sich die andere zwar, die ich nach ihr zur Frau nahm,
aber nicht lange hat sie mit mir das Lager geteilt.
Die auch die späteren Jahre mit mir verbrachte, die letzte,
nahm es auf sich, sogar Frau des Verbannten zu sein.
Zweimal hat zum Großvater mich meine Tochter in frühster,
fruchtbarer Jugend gemacht, nicht nur mit einem Gemahl.
Als meines Vaters Geschick sich erfüllte, da hatte sein Leben
zu neun Lustren noch weitre neun Lustren gewährt.
Um ihn weinte ich, wie er geweint hätte, wär ich gestorben.
Und nicht lange darauf trug ich die Mutter zum Grab.
Glücklich sind beide! Sie wurden zur rechten Zeit noch bestattet,
starben sie doch vor dem Tag, da ich die Strafe erhielt.
Froh bin auch ich, daß nicht, solange die Eltern noch lebten,
dieses Unglück mich traf, und sie nichts litten durch mich.
Wenn von Verstorbenen aber noch mehr als ein Name zurückbleibt,
wenn dem geschichteten Holz luftige Schatten entfliehn,
kommt eine Kunde zu euch von mir, ihr Schatten der Eltern,
wird mein Vergehen am Styx wie auf dem Forum bekannt,

glaubt mir – euch darf ich nicht täuschen: Der Grund für meine Verbannung
war kein Verbrechen! Es war eine Verirrung allein.
Dies soll den Manen genügen. Zurück nun zu euch, die ihr mir noch
zugetan seid und mich fragt, wie denn mein Leben verlief:
Hinter mir lagen die besseren Jahre, und einige weiße
Strähnen vermischten sich mit meinem früheren Haar,
und seit meiner Geburt war der Ölzweig von Pisa schon zehnmal
nach einem Reiterspiel jeweils dem Sieger verliehn,
als der beleidigte Princeps im Zorn mich in die Verbannung
schickte nach Tomi. Es liegt links am Euxinischen Meer.
Was mich vernichtete, ist schon allzu bekannt bei den Leuten,
und es bedarf dazu keiner Erklärung von mir.
Soll ich erwähnen, wie schäbig sich Freunde und Diener verhielten?
Manches ertrug ich, das nicht leichter mir fiel als die Flucht.
Aber mein Geist verschmähte es, sich dem Unglück zu beugen,
und im Besitz seiner Kraft gab er sich niemals besiegt.
Ohne an mich und mein vormals behagliches Leben zu denken,
zählte ich, ungewohnt zwar, nun auf die Waffen der Zeit.
Ungemach litt ich zu Land und zu Wasser so viel, wie es Sterne
sichtbar und unsichtbar unter dem Himmelszelt gibt.
Endlich erreichte auf Umwegen ich die sarmatische Küste,
wo die Geten ganz nah schweifen mit Köcher und Pfeil.
Bin ich hier auch vom Waffengeklirr der Grenze umgeben,
mildert, so gut sie es kann, Dichtung mein trauriges Los.
Zwar ist niemand zugegen, dem es zu Ohren gelangte,
aber auf diese Art wird mir der Tag nicht zu öd.
Daß ich also noch lebe und harte Entbehrungen trage,
daß mir des Daseins Last noch keinen Ekel erregt,
habe ich, Muse, dir zu verdanken! Denn Trost gibst nur du mir,
du bringst die Sorgen zur Ruh, du bist mein heilender Trank.

Du gehst voran und stehst mir zur Seite, du führst mich vom Hister
fort, auf dem Helikon bietest du mir einen Platz.
Du hast, was selten geschieht, mir zu Lebzeiten Ruhm schon gegeben,
wie ihn die Nachwelt sonst erst nach dem Tode gewährt.
Keinerlei Scheelsucht, die meist Gegenwärtiges boshaft herabsetzt,
hat mit neidischem Zahn je meine Dichtung benagt.
Wenn unser Zeitalter auch bedeutende Dichter hervorbringt,
sagt man doch meinem Talent nichts, das es schmälerte, nach.
Wenn ich auch viele noch über mich stelle – man nennt mich nicht kleiner,
und in der ganzen Welt liest man am häufigsten mich.
Liegt in dem, was die Seher vorhersagen, also auch Wahres,
so bin ich, Erde, auch dann, wenn ich bald sterbe, nicht dein.
Ob mir der Ruhm nun durch Gunst oder durch meine Dichtung zuteil wird,
freundlicher Leser, dir gilt mein berechtigter Dank!

Fünftes Buch

I

Füg, mein Verehrer, auch dieses Buch von der getischen Küste
den vier anderen an, die ich schon früher geschickt!
Gleichfalls wird es so sein wie das Schicksal seines Verfassers:
In dem ganzen Gedicht findest du nichts, was erquickt.
Voll des Jammers wie meine Lage ist meine Dichtung;
so entspricht denn die Art, wie ich sie schreibe, dem Stoff.
Heitere Jugendgedichte warf ich heiter und sorglos
hin, doch es reut mich jetzt, daß ich sie überhaupt schrieb.
Seit ich gefallen bin, künde ich, wie man plötzlich zu Fall kommt,
und was ich darstelle, ist das, was mir selbst widerfuhr.
Wie – so erzählt man – der Schwan am Ufer des Kaystros sich hinlegt
und mit ersterbendem Laut selber sein Totenlied singt,
so tu auch ich, an die fernen Küsten Sarmatiens verschlagen,
etwas dafür, daß man mich nicht in der Stille begräbt.
Wer auf Erheiterung hofft und auf anzüglich freche Gedichte,
der sei gewarnt: Dies ist keine Lektüre für ihn.
Besser paßt Gallus zu ihm und Properz mit der schmeichelnden Stimme,
besser Tibull, dessen Geist milde und sanftmütig war.
Wenn man doch mich nicht zu ihnen in eine Reihe gesellte!
Weh mir! Warum nur sang je meine Muse im Scherz!
Aber ich büße: Der Sänger des köchertragenden Amor
wurde ins skythische Land, nahe dem Hister, geschickt.
Einzig blieb, in Gedichten mich an die Leute zu wenden,
wachsam, daß sie meinen Ruf immer berücksichtigen.
Fragt aber einer von euch, wie es kommt, daß so viel, was ich singe,
schmerzlich klingt: Ich erfuhr Schmerzliches übergenug!

Dies hab ich ohne die Suche nach Einfällen kunstlos gedichtet;
Einfälle gab mir genug das, was ich selber erlitt.
Und wie wenige Leiden enthalten noch meine Gedichte!
Glücklich, wer aufzählen kann, wie viele Leiden er trägt!
Wie viele Zweige der Wald, wieviel gelblichen Schwemmsand der Thybris,
wieviel das Marsfeld auch biegsame Grashalme hat,
soviel Unheil ertrug ich, von dem ich mich anders nicht heile,
als in mein Schaffen vertieft und mit den Musen zu Gast.
›Naso, wann hörst du wohl auf mit dem Klagegedicht?‹ wirst du fragen.
Dann, wenn mein Unglück auch aufhört, so antworte ich.
Gibt es mir doch aus reichlicher Quelle Gründe zu klagen,
und mein böses Geschick wählt diese Worte, nicht ich!
Gäbest du mir meine Heimat zurück und die Gattin, die teure,
dann wär ich heitren Gesichts wieder derselbe wie einst.
Wenn der Zorn des unbesiegbaren Cäsar sich legte,
brächte ich bald dir ein Buch, das voller Heiterkeit ist.
Aber so leichtfertig werde ich doch nicht mehr schreiben wie früher.
Einmal genügt es, daß ich Späße voll Übermut trieb.
Was er sich wünscht, will ich dichten, sobald er das Strafmaß vermindert
und aus der Barbarei, fort von den Geten, mich holt.
Was soll mein Buch unterdessen behandeln als traurige Dinge?
Klagendes Flötenspiel paßt, wenn man hier mich begräbt.
›Aber du hättest dein Unglück leichter wortlos ertragen‹,
sagst du, ›und deinen Sturz besser in Schweigen gehüllt!‹
Also verlangst du, daß keinerlei Seufzen auf Qualen mehr folge,
und du verbietest den Schrei dem, der die Wunde empfängt?
Phalaris ließ den Perillus sogar in dem erzenen Bildwerk
jammern, so daß sein Geschrei klang wie die Stimme des Stiers.
Während die Tränen des Priamus selbst den Achilles nicht kränkten,

weist du mein Weinen zurück, grausamer noch als ein Feind?
Als die Kinder Latonas Niobe kinderlos machten,
haben sie doch nicht von ihr trockene Wangen verlangt.
Hilfe ist schon, einen Schicksalsschlag zu erleichtern durch Worte.
Proknes Klageruf kommt daher, Alkyones auch.
Daher kam, daß Poeas Sohn in der eisigen Höhle
Lemnos' Gefels unentwegt plagte mit seinem Geschrei.
Wenn man den Schmerz unterdrückt, so würgt er und brodelt im Innern;
und man zwingt ihn dazu, daß er sich vielfach verstärkt.
Üb lieber Nachsicht! Oder leg alle Bücher beiseite,
wenn dich, Leser, es stört, was mir so wohltuend ist.
Aber es kann dich nicht stören, denn was ich schrieb, hat noch keinem
jemals Schaden gebracht außer dem Autor, mir selbst.
»Doch es ist schlecht!« Das gesteh ich. Wer nötigt dich, Schlechtes zu nehmen?
Bist du enttäuscht, wirf es weg! Niemand verbietet dir das.
Aufdrängen will ich's dir nicht. Doch man lese es, wie ich es aufschrieb.
Nicht barbarischer klingt's, als sein Entstehungsort ist.
Recht wär es nicht, mich jetzt mit den Dichtern in Rom zu vergleichen.
Bei den Sarmaten bin ich freilich ein großes Talent.
Schließlich erstrebe ich nicht einen Ruf und nicht die Berühmtheit,
die sich, ist man begabt, immer als Ansporn erweist.
Ich will nur, daß mein Geist nicht in dauerndem Kummer dahinsiecht,
der mich, so sehr ich mich auch gegen ihn wehre, bestürmt.
Dies ist der Grund, daß ich schreibe. Nun fragt ihr, warum ich's euch schicke?
Davon erhoffe ich mir, irgendwie bei euch zu sein.

II a

Wirst du wohl blaß, wenn vom Pontus ein neuer Brief bei
dir ankommt?
Brichst du vielleicht mit vor Angst zitternden Händen ihn auf?
Sorge dich nicht! Ich befinde mich wohl, und mein Körper, der früher
keine Belastung ertrug und immer anfällig war,
hat sich erholt und ist abgehärtet nach vielen Strapazen.
Oder fehlt mir die Zeit, kränklich und mutlos zu sein?
Aber mein Geist liegt darnieder und kam mit der Zeit nicht zu Kräften,
und meine Seele ist noch ebenso krank wie zuvor.
Und die Verwundungen, die, wie ich hoffte, allmählich sich schließen
würden, sie tun mir noch weh, ganz so, als wären sie frisch.
Nur was geringfügig ist, läßt sich freilich durch Jahre beheben;
größeres Unheil wird aber vermehrt durch die Zeit.
Fast zehn Jahre hat Poeas Sohn die Wunde, die ihm die
Schlange, geschwollen von Gift, zufügte, ständig genährt.
Telephos wäre an unheilbarem Siechtum gestorben,
hätte nicht Hilfe die Hand, die ihn verletzte, gebracht.
Daß, sofern ich nichts Schändliches tat, auch für meine Verwundung
der mir Erleichterung bringt, der sie mir schlug, ist mein Wunsch.
Endlich zufriedengestellt durch das Maß meiner Leiden, entnehme
er ein paar Tröpfchen dem Meer, denn es ist reichlich gefüllt.
Wenn er mir vieles erläßt, so bleibt doch noch vielerlei Bittres;
trifft mich die Strafe nur halb, wirkt sie doch immer noch ganz.
Wie viele Muscheln der Strand, wieviel Blüten die Hecke von Rosen
und wieviel Körner der Mohn, der uns den Schlaf bringt, enthält,
wie viele Tiere der Wald ernährt und Fische im Wasser
schwimmen, zum Flug durch die Luft Federn der Vogel gebraucht,

soviel Unbill bedrückt mich, und dies in Worte zu fassen,
hieße zu sagen, wieviel Tropfen hat Ikarus' Meer.
Wechselfälle der Reise, die herben Gefahren der Seefahrt
lasse ich aus und die Hand, die man auch wider mich hob.
Ein barbarisches Land, auf dem großen Erdkreis das letzte,
hält mich; der Ort ist umringt von einem grausamen Feind.
Sicher könnte ich fort – denn ich trage ja keinerlei Blutschuld –,
wärest du um mich besorgt, wie es für dich sich gehört.
Oft hat der Gott, auf den sich erfolgreich die römische Macht stützt,
nach seinen Siegen sich sanft gegen die Feinde gezeigt.
Warum so zaghaft und ängstlich, wo keine Gefahr ist? Dring in ihn!
Cäsars Güte kommt nichts gleich in den Weiten der Welt.
Wehe, was soll ich denn tun, wenn mich Armen die Nächsten verlassen?
Windest den Nacken auch du aus dem zerbrochenen Joch?
Wohin mich wenden? Wo finde ich Trost in so mißlicher Lage?
Schon ist kein Anker, der Halt gibt, für mein Schifflein mehr da.
Du wirst es sehen! Ich selbst, obwohl ich geächtet bin, flüchte
mich zum heil'gen Altar. Dort weist mich niemand zurück.

IIb

Sieh, aus der Ferne sprech zu der fernen Gottheit ich flehend,
ist es dem Menschen erlaubt, daß er mit Jupiter spricht.
Lenker des Reiches, durch den das ausonische Volk mit Gewißheit
bei den Göttern in Gunst stehn wird, solange du lebst,
o du Zierde und Abbild der reich durch dich blühenden Heimat,
Held, nicht kleiner als die dir unterworfene Welt!
Bei deinem Erdendasein und bei deinem Platz überm Aether,
bei der langwährenden Frist, eh du zum Sternenzelt steigst,
bitte ich dich um Schonung, den kleinsten Teil deines Blitzes
nimm, und was übrig bleibt, ist für mich Strafe genug!
Maßvoll blieb dein Zorn, und du schenktest ja mir auch das Leben,
sprachst nicht das Bürgerrecht noch meinen Namen mir ab,
was ich besitze, gehört keinem andern, nicht heimatlos nennt man
mich, so der Wortlaut, denn deine Verordnung benutzt.
All das befürchtete ich, denn ich glaubte es auch zu verdienen.
Aber dein Zorn ist doch mäßiger als meine Schuld.
Du befahlst, der Verbannte besuche die Steppen am Pontus,
und mit fliehendem Schiff furch er das Skythische Meer!
Also kam ich ans öde Gestad des Euxinischen Meeres,
wie du befahlst. Das Land liegt unterm eisigen Pol.
Weniger plagt mich das Klima, das immer sehr kalt ist, und daß die
Erde beständig erstarrt ist und vom Frosthauch bereift,
daß die barbarische Zunge nicht eine Silbe Latein kann,
daß sich getischer Klang hier in das Griechische mischt,
als die Bedrängnis durch feindliche Nachbarn auf jeglicher Seite,
kaum daß das Mauerwerk uns sicher beschützt vor dem Feind.
Manchmal ist dennoch Frieden, doch nie ist der Frieden verläßlich.

Manchmal leidet das Land Krieg, manchmal fürchtet es ihn.
Läßt du mich fort von hier, so verschling die Charybdis von Zancle
mich, und ihr Wasser zieh strudelnd zum Styx mich hinab!
Auch will ich ruhig die Flammen des rasenden Aetna ertragen,
in des leukadischen Gotts Fluten versenkt will ich sein.
Strafe bleibt, was ich wünsche; ich will um das Leid mich nicht drücken.
Laß mich nur, bitte, mein Leid dulden in besserem Schutz!

III

Dies ist der Tag, an dem dich, Bacchus, die Dichter gewöhnlich
feiern, sofern ich mich nicht täusche im Ablauf der Zeit,
und sich mit duftenden Kränzen die Schläfen festlich umwinden
und dir zum Wein, den du gibst, singen ein preisendes Lied.
In ihrer Runde war ich, solange mein Schicksal es zuließ,
oft, wie ich weiß, ein von dir gerne gesehener Gast,
während ich nun unterm Sternbild der Kynosurischen Bärin
lebe bei getischem Pack, fern im sarmatischen Land.
Der ich mein Leben behaglich, von Mühsal verschont, einst verbrachte,
Neigungen folgend, vom Chor der Pieriden umringt,
habe nun getischen Waffenlärm fern von der Heimat im Ohre,
litt auf dem Meer und an Land vielerlei Unbill zuvor.
Ob dies der Zufall mir brachte oder der Ingrimm der Götter,
ob bei meiner Geburt düster die Parze schon war –
einen hättest du doch mit göttlicher Kraft noch erretten
können von denen, die stets treu deinen Efeu verehrn!
Oder vermag an dem, was die Schicksalsschwestern verkünden,
nichts mehr zu ändern ein Gott, wie es ihm richtig erscheint?
Du mußtest auch dir den Weg zur Himmelsburg erst verdienen,
und kein geringes Bemühn ebnete dir deinen Weg.
In deiner Heimat wohnst ja auch du nicht, du kamst zum verschneiten
Strymon und bist zu des Mars Dienern, den Geten, gelangt.
Persien hast du besucht und den breiten, gemächlichen Ganges
und den Fluß, der den Trank bräunlichen Indern gewährt.
Freilich, beim Spinnen des Schicksalsfadens haben die Parzen,

Zweimalgeborener, dir zweimal gesagt den Beschluß.
Auf mir lastet ein ebenso eisernes, schwieriges Schicksal,
ist es erlaubt, daß man hier Götter als Beispiel bemüht.
Und ich stürzte nicht sanfter als jener, den Jupiter, als er
prahlend vor Theben stand, mit einem Feuer vertrieb.
Doch da du hörtest, ein Dichter sei vom Blitzstrahl zerschmettert,
kannst du von Mitleid erfüllt sein, durch die Mutter ermahnt,
kannst du beim Anblick der Dichter, die um dein Heiligtum wandeln,
sagen: ›Mir ist so, als ob heut ein Verehrer mir fehlt.‹
Gütiger Liber, bring Hilfe! Und doppelt mag dann die Rebe
Ulmen belasten, und prall werde die Traube vom Saft!
Mit den Bacchantinnen soll dich die Schar der Satyrn umtanzen
und dir mit lautem Gesang huldigen, ohne zu ruhn.
Dann soll das Grab die Gebeine Lykurgs, der das Beil schwang, erdrücken,
Pentheus' Schatten sei nie von seiner Strafe erlöst!
Dann sei auf ewig von der Krone deiner Gemahlin
jedes Nachbargestirn durch ihren Glanz überstrahlt!
Komm, du Herrlicher, hilf, daß ich leichter mein Unglück ertrage,
und bedenke, daß ich zu deinen Dienern gehör!
Götter verhandeln ja miteinander. Versuche denn, Bacchus,
daß du Cäsars Gebot änderst mit deinem Gebot!
Und auch ihr, in der Kunst meine Brüder, ihr redlichen Dichter,
bittet, wenn ihr beim Wein sitzt, um dasselbe für mich!
Und wenn Nasos Name genannt wird, dann setze den Becher,
mit seinen Tränen vermischt, einer von euch auf den Tisch,
und er blicke sich um mit den Worten, meiner gedenkend:
›Wo ist Naso wohl jetzt, der einmal unter uns war?‹
So soll es sein, wenn ich euer Wohlwollen redlich verdient hab
und mein Urteil noch nie eins eurer Werke verriß,
wenn die Verehrung, mit der ich die älteren Dichter bedachte,

nicht so wirkt, als ob ich Neues für schlechter befand.
Dichtet denn also ein Werk, von Apollos Hilfe befördert!
Haltet – das ist ja erlaubt – stets meinem Namen die Treu!

IV

Von der Küste des Euxinus komm ich, ein Brieflein des Naso!
Mich hat die Fahrt übers Meer und auch die Straße erschöpft.
Der unter Tränen mir sagte: ›Sieh Rom, da dir es erlaubt ist!
Weh, wieviel besser dein Los doch als das meinige ist!‹ –
hat mich auch weinend geschrieben und vor dem Versiegeln die Gemme
nicht zum Munde geführt, sondern ans nasse Gesicht.
Wer noch den Grund meiner Traurigkeit verlangt zu erfahren,
der will nichts andres, als daß jemand die Sonne ihm zeigt,
der sieht im Wald nicht das Laub, nicht das biegsame Gras auf der offnen
Wiese, im schwellenden Fluß sieht er die Wasserflut nicht.
Den wird des Priamus Schmerz, daß ihm Hektor geraubt wurde, wundern
und Philoktets Geschrei, daß eine Schlange ihn biß.
Geben die Götter, daß der sich in solch einer Lage befindet,
daß nicht so schmerzlich der Grund seiner Bekümmernis sei!
Aber er trägt geduldig die Bitternis, wie es auch sein muß,
weist nicht die Zügel zurück wie ein unbändiges Pferd.
Und er hofft, daß der Zorn der Gottheit nicht ewig mehr dauert,
weil er weiß: Seine Schuld war keine Ruchlosigkeit.
Oftmals erwähnt er die große Milde des Gottes, zu deren
Beispielen er auch sich selbst niemals zu zählen vergißt.
Daß er des Vaters Besitz und die Bürgerrechte behalten
durfte, und daß er noch lebt, gilt ihm als Gottesgeschenk.
Dich aber – glaubst du mir etwas, der du ihm teurer als alle
anderen bist – in sein Herz schließt er für immer dich ein.

Menoetiades nennt er dich und Freund des Orestes,
seinen Aegiden und seinen Euryalus auch.
Und er sehnt sich nicht mehr nach der Heimat und nach den Dingen,
die er am meisten noch mit seiner Heimat vermißt,
als nach deinem Gesicht, deinen Augen, die er noch süßer
findet als Honig, ins Wachs attischer Bienen gelegt.
Schwermütig denkt er noch oft an die Zeit, die ihm schmerzlich ist, weil er
sie nicht im rechten Moment mit seinem Tode beschloß.
Als die anderen flohen aus Angst, mitgerissen zu werden,
und das erschütterte Haus mieden, erinnert er sich,
hast du mit einigen ihm die Treue dennoch gehalten,
wenn es zwei oder drei sind, was man ›einige‹ nennt.
Trotz der Erschütterung spürte er alles. Ihm ist nicht entgangen,
daß sein Unglück dich ganz wie ein eignes betraf.
Viel erzählt er von deinem Gesicht, deinen Worten und Seufzern,
und daß ihm auf die Brust damals dein Tränenstrom floß,
wie du ihm beigestanden und wie du ihm freundschaftlich Hilfe
leistetest, während du selbst hilfebedürftig noch warst.
Dafür, erklärt er, wird er stets deiner in Liebe gedenken,
ob er das Tageslicht sieht, ob ihn die Erde bedeckt.
Bei seinem eigenen Haupt und bei deinem pflegt er zu schwören,
das, wie ich weiß, ihm so viel gilt wie sein eigenes Haupt.
Für deiner Wohltaten Größe und Zahl wird er vollauf dir danken
und nicht wollen, daß du pflügst mit den Stieren den Strand.
Nimm nur beherzt den Verbannten in Schutz! Worum er nicht selber
bittet, der dich so gut kennt, drum bitte ich dich, der Brief.

V

Wieder wünscht meiner Herrin Geburtstag gefeiert zu werden.
Geht denn, Hände, und bringt liebevoll Opfer für sie!
Ebenso hat vielleicht der laërtische Held in den fremden
Gegenden immer den Tag seiner Gemahlin geehrt.
Andacht bewahre die Zunge; sie mag meine Leiden vergessen,
hat sie doch, fürchte ich, schon freundlich zu sprechen verlernt.
Und ich nehme mein weißes Gewand, das ich einmal im Jahr nur
trage, da es ja sonst zu meinem Schicksal nicht paßt.
Grün erheb ein Altar sich, aus Rasenstücken errichtet,
und ein gewundener Kranz schmücke die rauchende Glut.
Gib mir, Diener, den Weihrauch, die üppige Nahrung der Flammen,
und in der frommen Glut zische vergossener Wein!
Bin ich auch weit in der Ferne – erscheine heiter, du bester
Schutzgeist ihrer Geburt, nicht wie der meine, bei mir!
Droht meiner Herrin vielleicht ein entsetzliches Unheil, so sei es
durch mein eigenes Leid für alle Zeiten gelöscht!
Segle ihr Lebensschiff, das ein Sturm jüngst mehr als geschüttelt
hat, auf dem restlichen Weg über ein ruhiges Meer!
Daß sie ein Haus, eine Tochter, ein Vaterland hat, soll sie freuen –
daß man es mir geraubt hat, ist schon Unglück genug.
Weil ihr das Glück mit dem lieben Gemahl nun einmal versagt ist,
bleibe ihr Leben hinfort frei von dem düstren Gewölk.
Lebe sie denn und liebe den Mann, wie sie muß, aus der Ferne,
und ihrer Jahre Zahl werde so bald nicht erfüllt!
Meine fügte ich gern noch hinzu; doch ich fürchte, verderben
würde mein schlimmes Geschick die, die sie selber noch hat.
Nichts ist dem Menschen gewiß. Wer hielt es wohl früher für möglich,

daß ich solch Opfer dereinst bringe im getischen Land?
Siehe, wie trotzdem der Wind den Qualm, den der Weihrauch erzeugt hat,
hin nach Italien trägt, in ein willkommnes Gebiet!
Also besitzt der Rauch, der dem Feuer entsteigt, auch Empfindung,
und er flieht mit Bedacht, Pontus, aus deinem Bereich!
Weicht er doch auch mit Bedacht auseinander, sobald man den Brüdern
opfert, die sich in den Tod, einer den anderen, einst
schickten: Als ob ihre Zwietracht sich auch auf ihn übertrüge,
wölkt der gespaltene Rauch schwarz in zwei Richtungen fort.
Früher sagte ich, wie ich noch weiß, das könnt es nicht geben,
und was Battiades schrieb, schien mir erfunden zu sein.
Jetzt aber glaube ich alles, da du dich vom Sternbild des Bären
abwendest, Rauch, und klug hin nach Ausonien ziehst.
Dies ist also der Tag – und wäre er niemals gekommen,
hätte ich niemals ein Fest in meinem Elend erlebt.
Tugenden schuf er, vergleichbar denen der Heldinnen, deren
Vater Eëtion oder Icarius war.
Sittsamkeit, Rechtschaffenheit und Treue wurden geboren.
Aber es brachte der Tag nicht nur die Freuden hervor,
sondern auch Mühe und Sorge und Unglück, der Tugend nicht würdig,
und auch das Witwenbett, das man mit Recht so beklagt.
Freilich, die Redlichkeit, die man in mißlichen Zeiten bewahrte,
gibt in trauriger Zeit Stoff für Lobpreisungen ab.
Hätte der harte Ulixes kein Ungemach überstanden,
wäre Penelope wohl glücklich, doch niemals berühmt.
Wäre ihr Gatte als Sieger in Echions Festung gedrungen,
hätte die Erde vielleicht niemals Euadne gekannt.
Warum sticht eine hervor von des Pelias zahlreichen Töchtern?
Freilich, sie war ja vermählt mit einem glücklosen Mann.

Hätte ein andrer als Erster den Strand von Troja betreten,
wo wär der Grund, daß man von Laodamia erzählt!
Unbekannt bliebe auch deine Treue, wenn jetzt sich mein Segel,
was uns zwar lieber wär, blähte in günstigem Wind.
Dennoch, ihr Götter! Und Cäsar, der du zu den Göttern hinaufsteigst,
freilich erst spät, wenn du einst alt wie der Pylier bist,
schont nicht mich, denn ich gebe ja zu, daß mir Strafe gebühre,
sondern sie, die den Schmerz, den sie erfährt, nicht verdient!

VI

Du, der du einst mein Vertrauter in allen wichtigen Dingen,
der du mir Zuflucht einmal, der du ein Hafen mir warst,
weist nun gleichfalls die Sorge zurück um den Freund, den du aufnahmst?
Pflicht, eine heilige Last – wirfst du so plötzlich sie ab?
Bürde bin ich, das gesteh ich. Doch hattest du vor, sie im Unglück
von dir zu tun, hätte dir nie sie zu tragen gebührt!
Läßt du dein Schiff inmitten der Fluten im Stich, Palinurus?
Weich mir nicht aus! Deiner Kunst steh deine Treue nicht nach!
War denn im wilden Gemetzel Automedon etwa so windig,
daß er Achilles' Gespann einfach sich selbst überließ?
Hat Podalirius dem, den er aufnahm, wohl die versprochne
Hilfe ärztlicher Kunst, als er erkrankte, versagt?
Schändlicher ist's, als den Gast abzuweisen, ihn zu verjagen.
Sicherheit geb der Altar, der meiner Rechten sich bot!
Nichts als mich selbst hast du anfangs beschützt. An dem freundlichen Urteil,
das du gefällt über mich, halte nun ebenfalls fest,
wenn keine neue Schuld mich trifft, und hat kein Verbrechen
dein Vertrauen zu mir plötzlich zunichte gemacht!
Möge mein Atem, der mir in der skythischen Luft schon so schwerfällt;
eher, das wünsche ich mir, aus meinem Körper entfliehn,
als daß etwa ein Fehltritt von mir deine Seele verletzte
und du mit Recht vermeinst, daß ich verächtlicher bin!
Noch hat mein schlimmes Geschick mich nicht so in die Enge getrieben,
daß nun auch mein Verstand litt von der dauernden Qual.

Nimm es jedoch einmal an: Wie oft hat der Sohn Agamemnons,
meinst du, zu Pylades wohl häßliche Worte gesagt?
Daß er den Freund auch mißhandelte, finde ich ziemlich wahrscheinlich.
Pylades blieb ihm jedoch trotzdem nicht weniger treu.
Mit den Glücklichen hat, wer im Unglück ist, eins nur gemeinsam:
Beiden pflegt man, und sei's scheinbar, zu Willen zu sein.
Blinden macht man ja Platz, wie Personen, die Ehrfurcht gebieten
durch den purpurnen Saum, Ruten und Heroldsgeschrei.
Nimmst du nicht Rücksicht auf mich, so nimm auf mein Mißgeschick Rücksicht!
In mir ist nicht genug Platz, daß auch nur einer mir zürnt.
Wähle von all meinen Kränkungen nur die Kleinste der Kleinen:
Größer ist sie, als die du selbst zu erleiden vermeinst.
Wie viele Halme das Röhricht aus feuchten Gräben hervortreibt,
wie viele Bienen der Berg Hybla mit Blüten ernährt,
wie viele Ameisen Körner in Speicher unter der Erde
tragen von überall her auf ihrem zierlichen Pfad,
so viele Qualen umringen mich, dicht sich drängend in Schwärmen.
Glaub mir, mein Klageruf bleibt hinter der Wahrheit zurück!
Wem das zuwenig erscheint, der schütte noch Sand auf die Strände,
mische mit Ähren die Saat, gieße noch Wasser ins Meer!
Also bezwing deinen Zorn – jetzt ist nicht die Zeit, mir zu grollen –,
laß meine Segel nicht mitten im Meere im Stich!

VII

Aus dem Lande erreicht dich der Brief, den du liest, wo der Hister
mit dem Wasser des Meers breit seine Fluten vereint.
Wenn du dein Leben genießt bei angenehmer Gesundheit,
bleibt ja noch ungetrübt von meinem Schicksal ein Teil.
Freilich, wie immer fragst du mich, Teuerster, wie es mir jetzt wohl
gehe, obgleich du auch dann, wenn ich's verschweige, es weißt.
Schlecht geht es mir. Das ist die kurze Bilanz meiner Leiden.
Und wer den Cäsar erzürnt, dem wird es ebenso gehn.
Möchtest du, was in der Gegend von Tomi für Leute denn leben,
und welche Sitten man pflegt, wo ich jetzt wohne, erfahrn?
Wenn hier auch neben den Geten griechische Einwohner leben,
herrschen die Geten im Land, wenig befriedet, doch vor.
Größere Haufen aus getischen und sarmatischen Stämmen
ziehen zu Pferd ohne Scheu auf unsern Straßen umher.
Keiner von ihnen ist ohne Köcher und Bogen und ohne
Pfeile, von Viperngift gelblich die Spitze gefärbt.
Rauh ist die Stimme und wild das Gesicht – so stellt man sich Mars vor –
niemals hat eine Hand Bärte und Haare gestutzt.
Rasch ist die Rechte dabei, mit dem Messer Wunden zu reißen,
das ein jeder Barbar stets an die Seite sich steckt.
Weh, unter denen lebt, seine Liebesgedichte vergessend,
Freund, dein Dichter, und die kann er nur hören und sehn!
Wenn er bei denen doch lediglich lebte und nicht auch noch stürbe,
wenn sein Schatten doch fern bliebe dem häßlichen Ort!
Daß man meine Gedichte im vollen Theater jetzt tanze,
schreibst du, mein Freund, und Applaus werde den Versen gezollt.

Nichts, du weißt es ja selbst, hab ich je für Theater gedichtet,
und meine Muse hat nicht solch einen Beifall gesucht.
Dennoch, es ist mir ganz lieb, wenn ich nicht in Vergessenheit komme,
wenn meinen Namen das Volk heute im Munde noch führt.
Aus der Erinnerung, daß sie mir wehtaten, hab ich indessen
freilich schon oft mein Gedicht und meine Musen verflucht.
Hab ich sie weidlich verflucht, so kann ich sie dennoch nicht lassen,
und ich folge dem Pfeil, den meine Wunde verfärbt,
wie auch das griechische Schiff, in euböischen Fluten beschädigt,
doch die gefährliche Fahrt um Kap Kaphereus noch wagt.
Aber ich schaffe nicht rastlos, damit man mich lobt und die Nachwelt
meinen Namen erfährt – besser, er bliebe geheim –,
sondern ich binde den Geist und schlage den Schmerzen ein Schnippchen,
und ich will sehn, was das Wort gegen den Kummer vermag.
Was kann ich Besseres tun, so einsam an öden Gestaden,
oder welch anderen Schutz fände ich selber für mich?
Seh ich die Gegend mir an – es ist eine trostlose Gegend,
und auf dem Erdkreis ist nichts, das wohl noch düsterer wär.
Oder die Menschen: Man kann sie ja kaum als Menschen bezeichnen,
da sie weit mehr als der Wolf grausam und blutrünstig sind,
fürchten sie doch kein Gericht, sondern Recht muß vor Körperkraft weichen,
und vom streitbaren Schwert sind die Gesetze besiegt.
Felle und schlotternde Hosen dienen als Schutz vor den Frösten,
und das struppige Haar hängt übers rohe Gesicht.
Wenige lassen noch Spuren der griechischen Sprache erkennen,
aber der getische Klang machte barbarisch auch sie.
Keiner ist in dem Volk, der einigermaßen lateinisch
ein beliebiges Wort etwa zu sagen vermag.
Ich, ein römischer Dichter – verzeiht mir, ihr Musen! – ich drücke

notgedrungen zumeist schon auf Sarmatisch mich aus.
Schamhaft gestehe ich dies: Jetzt fällt durch die lange Entwöhnung
manches lateinische Wort nur noch mit Zögern mir ein.
Und ich bezweifle nicht, daß in diesen Büchern nicht wenig
ist, was barbarisch klingt. Das liegt am Land, nicht an mir.
Aber damit ich nicht die ausonische Sprache verlerne
und mir der heimische Klang nicht in der Kehle verstummt,
sprech ich mit mir, wiederhole die halbvergessenen Worte,
weih mich erneut meiner Kunst, mag sie auch fragwürdig sein.
Damit halte ich Geist und Zeit in Bewegung und lenke
von dem beständigen Starrn auf meine Leiden mich ab.
Verse dichtend versuch ich mein elendes Los zu vergessen,
und wenn mir dies nur gelingt, hat sich die Mühe gelohnt.

VIII

Wenn ich auch fiel, bin ich doch so tief nicht gesunken, als stünd ich
noch unter dir, denn nichts gibt es, gemeiner als du!
Schurke, was gibt dir den Mut gegen mich, warum treibst du
Spott mit dem Unglück – vielleicht steht es auch dir noch bevor?
Hat mein Leid, das selbst wilde Tiere zu Tränen bewegte,
dich nicht friedlich und sanft für den Gestürzten gestimmt?
Fürchtest du nicht der Fortuna Gewalt, die auf schwankendem Rade
steht, und was streng die so tief hassende Göttin erklärt?
Strafen wird dich gerecht die rhamnusische Göttin der Rache!
Denn mein hartes Geschick trittst du mit Füßen – wozu?
Einen, der Schiffbruch bespöttelte, sah ich im Meere ertrinken.
»Niemals«, sagte ich da, »fand ich gerechter das Meer!«
Einer, der früher den Armen auch billige Nahrung verwehrte,
stillt seinen Hunger jetzt selbst mit erbetteltem Brot.
Flatterhaft schweift Fortuna umher mit unsteten Schritten;
nirgends verweilt sie lang, nirgends ist auf sie Verlaß.
Sondern kommt sie erst heiter, verdüstert sich bald ihre Miene,
und der Wankelmut ist einzig beständig an ihr.
Blühend lebte auch ich, doch zum Welken bestimmt war die Blüte;
kurz wie ein Strohfeuer nur hat meine Flamme gebrannt.
Aber damit deine grausame Freude nicht ungetrübt bleibe:
Hoffnung besteht für mich doch, daß sich der Gott mir versöhnt,
entweder weil mein Vergehen nicht ruchloser Absicht entstammte
und es der Scham zwar nicht, aber der Bosheit entbehrt,
oder weil es vom Aufgang der Sonne zum Untergang auf der
Welt nichts Mildres als ihn, dem sie gehorsam ist, gibt.
Sicher läßt er sich zwar von keinem gewaltsam bezwingen,

aber für ängstliches Flehn hat er ein fühlendes Herz.
Und wie die Götter, zu denen er selbst einmal aufsteigt, erlaubt er,
daß ich um Straferlaß bitte und anderes mehr.
Zählst du im ganzen Jahr die trüben und heiteren Tage,
findest du: Häufiger war sonnig und heiter der Tag.
Also bedenke, damit dich mein Sturz nicht allzusehr freue,
daß auch ich dereinst der wieder bin, der ich war!
Glaub mir, daß es so kommt, daß, wenn sich der Princeps beruhigt,
plötzlich dich mein Gesicht aufschreckt inmitten der Stadt!
Daß ich erlebe, wie du aus schwererem Anlaß verbannt wirst,
das ist mein nächster Wunsch, wenn sich mein erster erfüllt.

IX

O wenn du's duldetest, daß ich dich in meinen Gedichten
namentlich nenne, wie oft hätte ich dich schon genannt!
Dich allein besänge ich, deiner Verdienste gedenkend;
ohne dich würde kein Blatt in meinen Büchern gefüllt.
Was ich dir schulde, das wüßte man überall in der Hauptstadt,
falls man mich liest in der Stadt, die in der Fremde mir fehlt.
Jetzt und in späterer Zeit soll deine Güte bekannt sein,
wenn, was ich schreibe, vielleicht einige Zeit noch besteht.
Und der gebildete Leser ließe an Lob es nicht fehlen:
Daß du den Dichter geschützt, wäre für immer dein Ruhm.
Cäsar gewährte die erste Gunst: noch atmen zu dürfen.
Du bist es, dem mein Dank gleich nach den Göttern gebührt.
Jener schenkt mir das Leben, und was er mir schenkte, beschützt du,
sorgst, daß ich mit dem Geschenk auch etwas anfangen kann.
Und als mein Sturz den größten Teil in Schrecken versetzte,
als ein anderer Teil scheinbar erschrocken sich gab,
während er meinem Schiffbruch vom sicheren Hügel aus zusah
und dem Schwimmer im wild tobenden Meere nicht half,
riefst du allein mich Halbtoten zurück von den stygischen Wellen.
Dir verdank ich sogar, daß ich dir Dank sagen kann.
Mögen die Götter sich dir und dem Cäsar stets freundlich erweisen,
dann wäre mir dieser Wunsch reicher als andre erfüllt.
Lebhaft brächte ich dies in meinen Büchern, wenn du es
dulden wolltest, ans Licht, ohne die Mühe zu scheun.
Jetzt sogar hält meine Muse, obwohl von ihr Schweigen
verlangt wird,
nur sich mit Mühe zurück, daß sie dich namentlich nennt.

Wie einen Hund, der die Spur der erschrockenen Hirschkuh schon wittert
und der vergeblich kläfft, hart seine Leine noch hält,
und wie ein feuriges Pferd, ist der Stall noch immer verriegelt,
mit dem Huf an das Tor schlägt und sodann mit der Stirn,
so ist meine Thalia, obgleich ein Versprechen sie fesselt,
trotz des Verbotes darauf, Namen zu ehren, erpicht.
Daß dich der Freund im Gedenken an deinen Dienst nicht verletze,
werde ich – fürchte dich nicht – schweigen, wie du es befiehlst.
Doch ich gehorchte dir nicht, wenn du glaubtest, daß ich dich vergäße;
dankbar will ich dir sein, denn das verbietest du nicht.
Und solang ich die Sonne noch seh – o sei's nicht mehr lange! –
ist dem Dienst an dir ganz meine Seele geweiht.

X

Seit ich am Pontus lebe, war dreimal der Hister gefroren,
und des Euxinischen Meers Welle war dreimal erstarrt.
Aber ich fühl mich schon so viele Jahre dem Vaterland ferne,
wie vor der Dardanerstadt Troja das Griechenheer lag.
Langsam verstreicht die Zeit, daß man glaubt, sie wär stehengeblieben,
und mit schleppendem Schritt gehen die Jahre dahin.
Weder erscheint die Nacht nach der Sonnenwende mir kürzer,
noch macht der Winter den Tag, finde ich, weniger hell.
Wirklich, mich dünkt, die Natur der Dinge wäre verändert,
alles scheint durch mein Leid sich in die Länge zu ziehn.
Läuft die uns allen gemeinsame Zeit denn noch ab wie gewöhnlich,
und ist besonders hart etwa für mich nur die Zeit,
der ich am Ufer des fälschlich als ›gastlich‹ bezeichneten Meeres
hause, am Skythischen Meer? Schlimm ist in Wahrheit das Land!
Zahllose Stämme bedrohen ringsum uns mit grausamen Kriegen,
denen es schimpflich erscheint, wenn man nicht räuberisch lebt.
Nichts ist außerhalb sicher. Der Stadthügel selbst ist nur dürftig
durch den Befestigungswall und das Gelände geschützt.
Glaubt man's am wenigsten, kommen wie Vögel in Scharen die Feinde;
kaum hat man sie erblickt, schleppen sie Beute davon.
Pfeile, die bei geschlossenen Toren über die Mauern
flogen, lesen wir oft mitten im Stadtgebiet auf.
Wenige wagen deshalb, das Feld zu bestellen, und pflügen
kläglich mit einer Hand, hält doch die andre den Speer.
Hirten flöten behelmt auf mit Pech verbundenen Rohren,
mehr als den hungrigen Wolf fürchtet die Herde den Krieg.
Kaum ist die Burg zu verteidigen, und die barbarische Menge,

wenig mit Griechen vermischt, hält uns auch drinnen in Angst.
Denn ohne Unterschied leben mit uns Barbaren zusammen;
sie sind der größere Teil, der hier die Häuser bewohnt.
Wenn man sie auch nicht fürchtet, erweckt ihr Anblick doch Abscheu;
Felle und zottiges Haar hängen an ihnen herab.
Die auch, von denen man annimmt, die seien griechischer Herkunft,
ziehen statt griechischer Tracht Hosen aus Persien an.
Sie gebrauchen die hier gemeinhin übliche Sprache;
nur mit Gebärdenspiel sage ich noch, was ich will.
Denen bin ich der Barbar, weil nicht einer versteht, was ich sage;
sprech ich vor Geten Latein, lachen sie albern mich aus.
Sorglos reden sie schlecht über mich oft, wenn ich dabei bin.
Daß ich verbannt bin, wird mir sicher zum Vorwurf gemacht.
Antworte ich auf das, was sie sagen, einfach mit Gesten
Ja oder Nein – gleichviel, mir wird es übel vermerkt.
Dazu kommt, daß man rechtswidrig Recht mit dem grausamen Schwert spricht.
Wunden schlägt man sich oft mitten auf offenem Markt.
Hart bist du, Lachesis, daß du mir nicht den Faden des Lebens
kürzer bemißt, da es schon solch einem Unstern gehorcht!
Daß ich das Vaterland misse und euer Gesicht, meine Freunde,
und unter skythischem Pack lebe, beklage ich laut.
Beides bestraft mich zu hart. Wenn ich rechtens die Hauptstadt entbehre,
habe ich solch einen Ort sicherlich doch nicht verdient.
Ach, was rede ich Dummkopf! Ich habe den Cäsar beleidigt!
Wert war ich, daß ich dafür auch noch das Leben verlor.

XI

Daß dich jemand, ich weiß nicht, wer, als die Frau des Verbannten
hämisch bezeichnete, hat bitter dein Brief mir geklagt.
Schmerz empfand ich darüber, doch nicht, weil mein Schicksal geschmäht wird,
denn ich bin es gewohnt, tapfer im Unglück zu sein,
sondern weil ich, was ich keineswegs wollte, dir Anlaß zur Scham bin,
und weil ich meine, mein Leid ließ dich erröten dabei.
Stehe es durch, halte stand! Viel Schwereres hast du ertragen,
als der Princeps mich plötzlich im Zorn dir entriß.
Wer da meint, ich sei zur Verbannung verurteilt, der täuscht sich.
Mildere Strafe ist doch meiner Verfehlung gefolgt.
IHN beleidigt zu haben, ist meine schrecklichste Strafe;
lieber wär mir, zuvor hätte der Tod mich ereilt.
Dennoch, mein Schiff ist beschädigt und nicht zerstört und gesunken!
Wenn ihm ein Hafen auch fehlt, schwimmt es doch noch auf dem Meer.
Weder das Leben, mein Gut noch das Bürgerrecht macht er mir streitig,
was ich ja gänzlich verwirkt hatte durch meinen Verstoß.
Sondern weil kein Verbrechen mit meinem Vergehen verknüpft war,
gab er mir nur den Befehl, daß ich die Heimat verließ.
Und wie anderen auch, die man niemals aufzählen könnte,
hat sich die göttliche Macht Cäsars mir gnädig gezeigt.
Nur ›relegiert‹, nicht ›heimatlos‹, ließ er selber mich nennen.
Durch seinen eignen Bescheid sind meine Rechte geschützt.
Darum besingt meine Dichtung, Cäsar, wie sie auch sein mag,
eben, so gut sie es kann, deine Verdienste mit Recht.
Daß dir vorerst die Götter die Pforten des Himmels verschließen

und dich auch so schon als Gott ansehen, ist mein Gebet.
Wünscht doch dasselbe das Volk! Doch wie Ströme ins endlose Meer sich
wälzen, so führt auch der Bach spärlich sein Wasser ihm zu.
Du aber, dessen Mund mich als Verbannten bezeichnet,
mach nicht durch Lügen mein Los schlimmer noch, als es schon ist!

XII

Freundlicher soll die Kunst diese traurige Zeit mir gestalten,
schreibst du, damit mein Geist sich nicht in Stumpfsinn verliert.
Schwierig ist, Freund, was du rätst, denn ein heiteres Werk ist das Dichten,
und die Seele verlangt Ruhe und Frieden dazu.
Aber mein Schicksal ist von feindlichen Stürmen gezeichnet,
und ein härteres Los kann es nicht geben als meins.
Willst du, daß Priamus lustig sei beim Begräbnis der Söhne,
oder daß Niobe tanzt, wenn man die Kinder ihr raubt?
Kunst oder Trauer, was wird mich wohl, meinst du, stärker beherrschen,
dem man befahl, allein fort zu den Geten zu gehn?
Gäbest du mir ein Gemüt, das ebenso unbeugsam wäre,
wie es vor Anytus einst Sokrates, sagt man, bewies,
würde die Weisheit wohl unter solch einer Bürde zerbrechen.
Stärker als menschliche Kraft wirkt eines Göttlichen Zorn.
Niemals hätte der Greis, den Apollo zum Weisen erklärte,
wäre er derart bedrängt, etwas zu schreiben vermocht.
Könnte ich endlich das Vaterland, könnte ich euch doch vergessen!
Käme mir, was ich verlor, alles doch ganz aus dem Sinn!
Aber mich hindert die Angst, eine Aufgabe ruhig zu lösen.
Tausendfach bin ich vom Feind, wo ich jetzt wohne, umringt.
Außerdem ist mein Talent durch lange Trägheit verkommen,
und im Vergleich zu einst bleibt es beträchtlich zurück.
Fruchtbares Land, das nicht ständig aufgefrischt wird mit dem Pfluge,
trägt nichts anderes als Unkraut und Dornengestrüpp.
Schlecht nur läuft noch ein Pferd, das zu lange im Stall stand; als letztes

läuft es, sobald sich das Tor öffnet, hinaus auf die Bahn.
Risse bekommt das Boot, und in Fäulnis geht es bald über,
ist es für längere Zeit von seinem Wasser getrennt.
Also erwarte auch nicht, daß ich, der ich früher schon wenig
galt, mich zu dem, der ich war, wieder hinaufschwingen kann.
Langes Erdulden von Unglück zerrüttete mir die Begabung,
und nicht das Mindeste blieb von meiner einstigen Kraft.
Wenn ich nun trotzdem, wie jetzt auch, die Täfelchen wieder zur Hand nahm,
und versuchte, zum Vers Worte zu fügen im Takt,
schrieb ich doch nichts als solche Gedichte, die du nun betrachtest,
und die wie ihres Herrn Lage und Aufenthalt sind.
Schließlich verleiht auch der Ruhm dem Geist nicht wenige Kräfte,
und durch den Ehrgeiz wird fruchtbar die Seele gemacht.
Früher zog mich der Glanz des Ruhms und ein klingender Name,
als ein günstiger Wind noch in mein Takelwerk blies.
Jetzt aber geht es mir nicht so gut, daß Ruhm mich noch lockte.
Niemandem, stünd mir das frei, wünscht ich, daß jeder ihn kennt.
Oder rätst du mir, weil die Gedichte mir anfangs gelangen,
weiterzuschreiben, damit neuer Erfolg mich beschwingt?
Ihr neun Schwestern, laßt es mir unwidersprochen euch sagen:
Ihr seid der wichtigste Grund, daß die Verbannung mich traf!
Wie der Erfinder des ehernen Stieres gebührend bestraft ward,
also büße auch ich für meine eigene Kunst.
Überhaupt sollte ich mich nicht mehr mit Versen befassen –
nie wieder fährt man ja auch nach einem Schiffbruch zur See.
Bin ich jedoch so dumm und beschwör mein Verhängnis noch einmal,
stehn für Gedichte mir hier, glaub ich, schon Mittel bereit!
Weder ein Buch noch ein Mensch ist vorhanden, bereit, mir zu lauschen.
Niemand ist da, der im Vers auch nur die Wörter versteht.

Überall hört man nur tierische und barbarische Stimmen,
überall fürchtet man nur feindliches Schlachtengeschrei.
Schon vermeine ich selbst allmählich Latein zu verlernen.
Getisch hab ich gelernt, und das Sarmatische auch.
Dennoch kann meine Muse, damit ich die Wahrheit gestehe,
nicht widerstehn und verfaßt manchmal mit mir ein Gedicht.
Seite auf Seite schreibe ich, werfe sie dann in das Feuer,
und von meinem Bemühn bleibt etwas Asche zurück.
Ohne daß sie gelingen, versuche ich Verse zu machen.
Was ich erarbeite, wird also fast immer verbrannt.
Nur wenn der Zufall es oder die List vor den Flammen bewahrt hat,
kommt, was mein Geist erzeugt, noch aus der Ferne zu euch.
Wäre doch auch meine ›Liebeskunst‹, die den arglosen Meister
unglücklich machte, sogleich wieder zu Asche verbrannt!

XIII

Diese Glückwünsche sendet dir Naso aus getischen Landen,
wenn er dir wünschen kann, was er doch selber nicht hat.
Denn die Krankheit der Seele hat auch den Körper befallen;
nichts an mir ist mehr frei von einer marternden Qual.
Tagelang plagt mich ein schrecklicher Schmerz in der Seite; wahrscheinlich
brachte der Winter ihn mir mit seinem maßlosen Frost.
Bist jedoch du bei Gesundheit, so fühle auch ich mich schon wohler,
denn als ich strauchelte, fing rasch deine Schulter mich auf.
Aber obwohl deine Freundschaft mir schon vielfach verbürgt ist,
hast du dich auch schon oft schutzbietend vor mich gestellt,
ist es doch sträflich, daß mich so selten ein Brief von dir tröstet.
Oder setzt du dich wortlos vielleicht für mich ein?
Wetze die Scharte doch aus! Denn wenn du dich darin nur änderst,
wird deine edle Gestalt ganz ohne Makel mir sein.
Vorwürfe würde ich mehr noch erheben, wär es nicht denkbar,
daß mich ein Brief nicht erreicht, den du doch abgeschickt hast.
Geben die Götter nur, daß ich grundlos über dich klage,
daß der Verdacht, du gedenkst meiner nicht mehr, mich nur täuscht.
Sicher, es ist, wie ich wünsche! Ich könnte ja einfach nicht glauben,
daß dein beständiges Herz plötzlich veränderlich ist.
Eher verliert der eisige Pontus den Teppich aus Wermut
und der trinakrische Berg Hybla das Thymiankleid,
als daß ich jemandem glaube, du hättest den Freund schon vergessen.
Nicht aus so schwarzem Garn hat man mein Schicksal gewebt!
Um aber auch einen falschen Verdacht entkräften zu können,
hüte dich, daß du so schlecht scheinst, wie du wirklich nicht bist!

So wie wir früher häufig die Zeit mit Gesprächen verbrachten
und für den Stoff ein Tag dennoch nicht lang genug war,
bringe der Brief nun die schweigenden Worte von einem zum andern;
Hand und Blatt soll den Dienst tun, den die Zunge versah.
Und damit ich nicht allzusehr als Zweifler erscheine
– diese paar Verse sind dir sicherlich Mahnung genug –,
nimm nun den Gruß, mit dem man ja immer die Briefe beendet,
und damit dein Geschick meinem nicht gleicht: »Lebe wohl!«

XIV

Welch ein Denkmal ich dir, mein Weib, das ich mehr als mich selber
liebe, in Büchern gesetzt habe, das kannst du nun sehn.
Heißt auch das Schicksal mich, den Verfasser, auf vieles verzichten,
dich wird dennoch mein Geist leuchtend erheben zum Ruhm.
Und solang man mich liest, wird man deine Verdienste erfahren.
Wenn einst dein Leichnam verbrennt, kannst du nicht gänzlich vergehn.
Hältst du dich auch für bedauernswert durch den Fall deines Mannes,
wirst du doch manche noch sehn, welche gern wär, was du bist,
die dich, obwohl ein beträchtlicher Teil meiner Leiden auch dich trifft,
glücklich nennt sogar und dich beneidet darum.
Wenn ich dir Geld und Gut hinterließe – du wärest nicht reicher,
denn in die Schattenwelt nimmt keiner die Reichtümer mit.
Nun ist dein Name verewigt. Das ist mein Geschenk, und ich könnte
außerdem nichts für dich tun, was noch daneben besteht.
Daß du nicht nur der einzige Schutz für meinen Besitz bist,
kommt noch hinzu, denn der Ruhm wiegt ja als Bürde nicht leicht,
daß deine Stimme nicht aufhören darf, mich zu nennen, und daß dein
Mann dich stolz machen muß, wie man auch über ihn spricht!
Und damit niemand mich blindlings beschimpfen kann, bleibe nur standhaft!
Halte du redlich zu mir! Damit bewahrst du mich selbst.
Denn solang es uns gut ging, blieb ohne Makel dein Anstand.
Nicht ein einziges Mal hast du dich schuldig gemacht.
Durch mein Verderben hat sich für dich nun ein Feld neu eröffnet,
wo deine Tugend ein Werk schaffe, das jeder bemerkt!
Leicht ist es, gut zu bleiben, wenn fehlt, was das Gutsein vereitelt

und die Gemahlin nichts kennt, was der Pflicht widerstrebt.
Nicht vor dem Sturm zu fliehn, wenn der Donner des Gottes ertönte,
das erst ist Liebe und Treu, die in der Ehe besteht.
Freilich, die Tugend ist selten, die nicht von Fortuna gelenkt wird,
die, wenn Fortuna entflieht, standhaften Fußes beharrt.
Findet sie aber den Lohn, nach dem sie gestrebt, in sich selber,
steht sie noch aufrecht auch dann, wenn dir die Freude vergeht,
wird sie, bedenkst du die Zeit, durch Jahrhunderte niemals vergessen,
und man bestaunt sie, soweit rings sich der Erdkreis erstreckt.
Hast du bedacht, durch welch einen Zeitraum Penelope schon den
unauslöschlichen Ruhm löblicher Treue genießt?
Hörst du nicht, wie man Admetos' und Hektors Gemahlin und Iphis'
Tochter besingt, die beherzt sprang in das brennende Holz,
wie Protesilaos' Weib überlebt durch die Sage, nach der den
ilischen Boden ihr Mann hastig als Erster betrat?
Nicht daß du für mich stirbst, verlang ich, nur Liebe und Treue;
nicht aus Lebensgefahr gehe dein Nachruhm hervor!
Nimm auch nicht an, ich ermahnte dich, weil du nicht selbst darauf kämest!
Ruder bewegen das Schiff – ich gebe Segel dazu!
Lob bedeutet der Rat, dich so, wie du's tust, zu verhalten,
und mein Aufruf begrüßt das, was du längst schon getan.

Anhang

Ovid oder
Die Willkür in der Gnade

I · Eine Sage, auf die Ovid im Vierten Buch seiner ›Tristia‹ (III.7 f.) sinnreich anspielt, stellt die Zwillinge Romulus und Remus an den Anfang Roms. Das Fatum, die Schicksalsgewalt, der auch die Götter gehorchen mußten, hatte sie dazu ausersehen, die Stadt zu gründen. So half es nichts, daß man der Aussage ihrer Mutter, sie habe die Kinder von dem Kriegsgott Mars empfangen, nicht glaubte und sie im Tiber aussetzte: Eine Wölfin nahm sich ihrer an und nährte sie. Da aber die Gründungstat mit einem Herrschaftsanspruch verbunden war, konnte sie nur einem der Brüder zufallen. Eine Vogelschau entschied für Romulus. Er gründete Rom und zog eine Linie, auf der die erste Stadtmauer errichtet werden sollte. Remus stand untätig dabei.

Der Untätige hat Zeit, sich Gedanken zu machen. Wer den Taten eines anderen zusieht, kommt leicht in Versuchung, nach deren Sinn zu fragen. Der Tätige ist darin mitunter kurzsichtig. Für ihn ergibt sich der Sinn einer Tat aus der nächsten, die er tätig vorbereitet. Der Untätige blickt zuweilen mit seiner Frage nach dem Sinn in einen Abgrund, und er glaubt sich nur retten zu können, wenn er selbst etwas tut.

Die Sage berichtet nun, Remus sei über die Linie der neuen Stadtmauer gesprungen. Welche Anwandlung hatte ihn gepackt? War es Hohn oder Neid oder beides vermischt? War es einfach Schalk? War es Verspieltheit, in die jemand zurückfallen kann, der von der Beteiligung an ernsthaften Taten ausgeschlossen ist? Oder war es die innere Not, irgend etwas zu tun, um den Blick vom Abgrund loszureißen? Dieser Sprung scheint eine vergleichsweise läppische Tat. Aber Romulus ging es darum, wer der Herr von Rom sei. Da verstand er keinen Spaß. Er fühlte sich verhöhnt, geriet in Zorn und erschlug seinen Zwillingsbruder Remus: ein Willkürakt, aber für eine Sage nicht ungewöhnlich.

Die Geschichte Roms kennt eine lange Reihe harter Männer. Seinen Aufstieg vom Stadtstaat zur Weltmacht verdankt es einer ökonomisch günstigen Entwicklung, doch nicht zuletzt auch der Entschlossenheit dieser Männer, über Fragen der Macht nicht mit sich rechten zu lassen. Das bekamen seine Nachbarn, vor allem Karthago und Griechenland, zu spüren. Das war, ob in der Adelsrepublik oder im Kaiserreich, auch für die Entwicklung seiner Gesellschaft der entscheidende Zug. Aber es kamen auch die Jahrzehnte der Bürgerkriege während des 1. Jahrhunderts v. Chr., in denen Sklavenaufstände losbrachen und die Adelsrepublik verfiel. Rom durchlebte seine schwerste innenpolitische Krise.

Nicht daß es an harten Männern gefehlt hätte. Die Gegner gaben einander nichts nach, wenn es ums Durchgreifen ging. Sondern für die Ausübung der Macht waren durch das territoriale Wachstum und die Zunahme der Sklavenarbeit, die viele Freie brotlos machte, durch nie dagewesene Anhäufungen privater Reichtümer in den Händen weniger und die Verelendung der meisten unter den Freigeborenen ganz neue Bedingungen herangereift, und unter den führenden Männern Roms bestand Uneinigkeit, wie sie zu meistern wären.

Die Geschichte des Brudermordes, den Romulus an Remus beging, wurde zum Gleichnis. Bis dahin hatte der Erfolg von Jahrhundert zu Jahrhundert Romulus fraglos recht gegeben. Als aber die inneren Kriege, Proskriptionen, Meuchelmorde, die Plünderungen und Enteignungen, all die blutigen Gewalttaten, die Römer an Römern verübten, nicht aufhörten, fragte sich mancher, mit welchem Recht Romulus seinen Zwillingsbruder erschlagen hatte. Schwebte dieser Brudermord nicht wie ein Verhängnis über Rom? Hatte man lange in der Härte der Altvorderen eine Gewähr für Roms ewigen Bestand gesehen, so regte sich nun der Verdacht, der Blutfleck auf dem Grundstein Roms sei ein Zeichen dafür gewesen, daß es seinen Untergang schon in sich selbst trage.

II · Ein Frieden beendete die Bürgerkriege, der, weil er nicht mehr selbstverständlich war, einen Namen erhielt: Pax Augusta. Ein Mann prägte diesem Frieden seinen Namen auf, als ob ihn die Römer allein ihm zu verdanken hätten, ein rastlos tätiger Mann, der erst Schlachten gewann und dann Gesetze erließ, der Rom gleichsam neu gründete und am Ende seines Lebens ein Verzeichnis seiner Taten aufstellte, der allen seinen Taten den Anschein geben wollte, als bewahre er die Traditionen der Republik, und doch die göttlichen Ehren, die man ihm schon zu Lebzeiten antrug, nicht zurückwies. Als Octavian, geschmückt mit dem Namen seines Großonkels Julius Cäsar, war er angetreten. Als Augustus ging er, der erste der römischen Kaiser, in die Geschichte ein.

Aber er hatte nicht als erster danach gestrebt, allein an der Spitze des Staatswesens zu stehen. Die Republik duldete die beiden Konsuln, ein doppeltes Staatsoberhaupt, jeweils nur ein Jahr. Die Diktatur, die, selten genug, einem einzelnen Mann Sondervollmachten zubilligte, war gar auf sechs Monate befristet. 202 v. Chr. ist sie das letzte Mal nachweislich erteilt worden. Im 1. Jahrhundert v. Chr. hielt sie für jeden, der nach Alleinherrschaft strebte, als republikanisch klingender Vorwand her. Sulla übte sie 82-79 v. Chr. aus, um die Vorherrschaft der Aristokratie zu retten. Catilina, der sich an Sullas Proskriptionen bereichert hatte, strebte sie an, wurde aber als Verschwörer entlarvt. Das erste Triumvirat zwischen Cäsar, Pompejus und Crassus war ein Stillhalteabkommen zwischen drei Militärs, die gleichermaßen nach langfristiger Diktatur strebten. Cäsar gelangte ans Ziel: Nach der Schlacht bei Pharsalus (48 v. Chr.) erhielt er die Diktatur auf unbestimmte Zeit.

Derlei sah die Republik nicht vor. Aber Cäsar hatte dem Reich neue Territorien erobert. In seiner Ämterlaufbahn war er darauf bedacht gewesen, Gesetze einzubringen, die der Verarmung der plebejischen Schichten entgegenwirkten. Die Republik war zum Fetisch geworden. Jeder gab vor, sie zu verteidigen, keiner war mehr in der Lage, mit ihren Gesetzen zu regieren. Eine Verschwörung des Senatsadels konnte 44 v. Chr. den Diktator ermorden, aber nicht die Entwicklung aufhalten, die ihn getragen hatte. Ein Mann war erforderlich, der an der Spitze des Weltreiches den äußeren Frieden festigte und den inneren Frieden wiederherstellte, indem er die Besitzenden miteinander aussöhnte. Diese Aussöhnung der römischen Stände, die Wiederherstellung der ›concordia ordinum‹, war so lebensnotwendig geworden, daß es genügte, wenn dieser Mann einen klingenden Namen führte, Vermögen besaß und in der Frage der Macht nicht mit sich rechten ließ. Sonst konnte er mittelmäßig sein. Auch Octavian schloß zunächst ein Stillhalteabkommen mit Rivalen, das zweite Triumvirat mit Antonius und Lepidus. Auch er schaltete sie nacheinander militärisch aus. Mit dem Sieg in der Seeschlacht bei Actium (31 v. Chr.) rückte er auf Lebenszeit an die Spitze des römischen Staates, ohne den Titel eines Diktators zu beanspruchen. Er klang längst nicht mehr republikanisch, war aber noch ein Reizwort für Senatoren, denen die Dolche locker saßen.

III · Die Schriftsteller, aus deren Hand die römische Prosaliteratur dieses Zeitalters stammt, waren durch ihre Ämter dem römischen Staatswesen und seinen wechselnden Geschicken verbunden. Der Geschichtsschreiber Sallust pries den Sieg der Republik bei der Zerschlagung der Catilinarier. Cicero umriß in theoretischen Schriften die Vorzüge eines republikanischen Gemeinwesens um so klarer und nachdrücklicher, je deutlicher sie in Gefahr gerieten, und in seinen Reden feierte die forensische Rhetorik der Römer ihr letztes und prächtigstes Fest. Cäsar berichtete in kühlen, knappen, wohlgesetzten Kapiteln über seine eigenen Taten. Die Fülle seiner Verdienste für die Besitzenden Roms lag auf der Hand und machte es ihm leicht, auf Eigenlob zu verzichten. Er benutzte für sich die dritte Person, ein Kunstgriff, der mit Bescheidenheit zugleich die Überzeugung ausdrückte, unsterblich zu sein. Nur Livius hatte nie ein Amt. Aber er war mit Augustus befreundet, und das wog viel, als Ämter ohnehin nichts mehr taugten. Er trug alles, was die Römer über ihre Geschichte wußten, in 142 Büchern zusammen. Wenn er von den harten, gerechten Männern der Vorzeit erzählte, lenkte er die Blicke seiner Leser auch auf ihren großen Zeitgenossen Augustus. Wie schon für die Annalisten des 2. Jahrhunderts v. Chr. war für Sallust, Cicero, Cäsar und Livius die welthistorische Rolle Roms eine unbestreitbare Tatsache. Mochte Romulus seinen Zwillingsbruder Remus erschlagen haben, mochte es im Zorn gewesen sein: Die Früchte seiner Taten gaben ihm in den Augen römischer Prosa recht!

Anders verhielt es sich mit der Versdichtung. Sie schulte sich gründlicher an den Griechen, einem Volk, das durch inneren Zwist seine Demokratie verspielt und sich Monarchen in die Hände gegeben hatte, das schließlich die Fremdherrschaft römischer Legionen erdulden mußte und in den Augen römischer Staatsmänner weichlich, verspielt, genußsüchtig, feige, unaufrichtig, kurz: für Politik untauglich war. Die ›Griechlein‹ eigneten sich, wenn man sie im Krieg fing, als Haus- und Luxussklaven, allenfalls als Köche, Dolmetscher und Lehrer. Die heranwachsenden römischen Dichter entwickelten eine Vorliebe für hellenistische Verskunst, die auf die Entmündigung des Bürgers durch die Monarchie mit einem Rückzug ins Private antwortete, wo Bequemlichkeiten, Gaumengenüsse, Liebesabenteuer und edle Bildung etwa gleich hoch bewertet wurden. Die Themen der klassischen griechischen Literatur, die Homerischen Epen und die attische Tragödie waren Bildungsgut geworden, das man in neuen, gefälligen Formen wieder aufbereitete, und was ursprünglich zu einer Gesamtschau menschlicher Dinge gestaltet worden war, sah man nun beharrlich aus dem Gesichtswinkel der Liebe. Kleinepen griffen sich aus dem Schatz der Mythen Episoden heraus, Epigramme verknüpften alltägliches Erleben durch Beispiele und Anspielungen mit der erhabenen Welt der Götter und Helden. Das Spielerische wurde künstlerisches Gesetz. Kallimachos (300-240 v. Chr.), unbestrittener Meister dieser Kunst, diente Generationen als Vorbild. Der Philosoph Epikur (342/41-

271/70 v. Chr.) hatte gelehrt, zurückgezogen zu leben, und es Freiheit genannt, wenn man selbstgenügsam die schönen Dinge dieser Welt genießen konnte. Nicht daß ihm, einem Zeitgenossen Alexanders des Großen, die Fragen der Macht gleichgültig geworden wären: Sicherheit vor Menschen gewähre sie wohl, aber sie erfordere unnatürlichen Reichtum und müsse um sich Furcht verbreiten; wer aber Furcht verbreite, sei selbst nicht frei von Furcht. Zurückgezogenheit allein, in der die Machthaber den Weisen gefälligst nicht stören sollten, gewähre den echten Seelenfrieden.

Die Scheu vor Ämtern freilich hätten die römischen Versdichter nicht erst bei den Griechen zu lernen brauchen. Sie wurde ihnen durch die römische Wirklichkeit ihrer Tage eingeflößt. Man sucht sich seine Vorbilder nicht so ganz aus freien Stücken. Die Zeit, in der man lebt, läßt einen wählen. Catull (87 oder 84 bis um 54 v. Chr.) gab die Laufbahn, für die ihn sein Vater nach Rom geschickt hatte, auf und schloß sich dem Dichterkreis der Neoteriker an. Seine Gedichte enthalten viel Alltag, aber den Alltag der Gassen und Märkte, der Bordelle und der heimlichen Zusammenkünfte mit einer Geliebten, die mit einem mittelmäßigen Politiker verheiratet war. Cäsar, mehr noch seinen Anhang, trifft derber Spott. Eine Huldigung an Cicero klingt schalkhaft. Die Pläne dieser Politiker gehen Catull nichts an, weil er in ihnen keine Rolle spielt. Er will keine Rolle, weil ihm die Auswahl nicht behagt. Über das Leben des Lukrez (um 96-55 v. Chr.) wissen wir fast nichts. Die Philosophie Epikurs, die er seinem Lehrgedicht ›Über die Natur der Dinge‹ zugrunde legte, hatte in Rom noch wenig Freunde. Sie war bei den meisten sogar verpönt. Am wenigsten dürfte den Besitzenden und ihren Politikern, die um den Bestand Roms und ihrer Besitztümer bangten, die versifizierte Lehre von der Vergänglichkeit aller Dinge gefallen haben, die den Untergang der Welt, also auch Roms, voraussagte.

Horaz (65-8 v. Chr.), der als junger Soldat beinahe sein Leben für die längst untergegangene Republik geopfert hätte, gestaltete in seinen Gedichten vorwiegend die geistigen und sinnlichen Freuden des Privatlebens. Die Tugenden der Römer rühmte er wohl. Mit Huldigungen an Augustus geizte er. Vergil (70-19 v. Chr.), wie sein Freund Horaz an Epikur geschult, schrieb Hirtengedichte, ländliche Idyllen und ein Lehrgedicht über den Landbau, ehe er auf eine Anregung des Augustus einging und in einem Versepos die Taten des Aeneas, des Ahnvaters der Römer, schilderte. Wenn der Kaiser Lobpreisungen seines Hauses erwartet hatte, sah er sich getäuscht: Aus den Händen des sterbenden Dichters empfing er ein Vermächtnis von Verpflichtungen, die nur ein Gott hätte erfüllen können. Wie wenig er aber ein Gott war, wußte er selbst am besten. Die Liebesgeschichte des Aeneas mit der Königin Dido begründete zwar im Mythos einleuchtend die historische Erbfeindschaft zwischen Rom und Karthago, doch ohne den Willen des Fatums und die Intrigen der Götter wäre sie ein schäbiger Treubruch, der Zweifeln an der Geradheit der Römer Raum gab und hinter ihre Härte die Frage nach ihrer Menschlichkeit setzte. Das Herz der Zeitgenossen schon gehörte, wie Ovid im Zweiten Buch seiner ›Tristia‹ (533 f.) bezeugt, gerade diesem Teil des Werkes besonders. Properz (um 47-15 v. Chr.) und Tibull (um 54-19 oder 17 v. Chr.), die Ovid persönlich kennenlernte, widmeten sich ganz der Liebeselegie, die kaum Gelegenheit bot, die Taten der Römer herauszustreichen, und sich gegen Huldigungen an den Herrscher sträubte.

Die Rolle der Versdichtung im Zeitalter des Umbruchs von der Republik zum Kaiserreich ähnelt der des Remus bei der Gründung Roms. Sie stand abseits. Sie blieb in den Belangen des römischen Staates untätig. Sie gab sich der Muße hin, in der die Fragen nach dem Sinn der Taten wuchern. Sie überließ sich der Verspieltheit dessen, der von der Beteiligung an ernsthaften Taten ausgeschlossen bleibt. In den schwermütigen Hexametern des Lukrez, aber auch in Catulls Epigramm über die Tortur, zugleich hassen und lieben zu müssen, ist ihr Blick in Abgründe gerichtet. Catull riß sich mit Schalk davon los. Bei Ovid ist die Schalkhaftigkeit mit den ersten Versen schon da. Sie zieht sich durch sein ganzes Werk. Ovid entwickelt eine heikle Meisterschaft darin, sich über die Belange des römischen Staatswesens hinwegzusetzen. Welches Thema er auch anpackt, er ist der Versuchung des Remus ausgesetzt, die Linie zu überspringen, die Romulus um das künftige Rom gezogen hat. Livius aber hatte die Worte des Romulus über seinen Brudermord aus der Überlieferung in seinem Geschichtswerk zitiert: ›So soll es weiterhin jedem ergehen, der über meine Stadtmauer springt!‹

IV · Wie Catull, Vergil, Horaz und Properz stammte Ovid nicht aus Rom. Am 20. März 43 v. Chr. wurde er in Sulmo, heute Sulmona, in den Abruzzen östlich Rom geboren. Seine Familie gehörte zum Ritterstand, der, seit Söldnerlegionen das Kriegshandwerk besorgten, seine ursprüngliche Bedeutung als sich selbst finanzierende berittene Miliztruppe nur noch symbolisch zur Schau trug und sich als ein begüterter Mittelstand zwischen den Senatsadel und die plebejischen Schichten gelegt hatte. Augustus erweiterte ihn und öffnete jungen Männern aus Ritterfamilien den Weg in den Senat, der durch die Bürgerkriegswirren dezimiert worden war und sich eine Zeitlang noch seiner Politik zu entwinden versuchte.

Bei Ovids Geburt lag der Mord an Cäsar ein Jahr zurück. Sein Geburtsjahr kennzeichnet er selbst als das der Schlacht bei Mutina, als beide Konsuln bei der hoffnungslosen Verteidigung der Adelsrepublik fielen. Gewiß bewogen die besseren Aufstiegsmöglichkeiten für Rittersöhne den Vater, Ovid und seinen älteren Bruder nach Rom zu schicken, damit sie die Dinge lernten, die man für eine Ämterlaufbahn brauchte, vor allem die Rechte und die Beredsamkeit. Augustus hatte bereits alle die Ämter auf Lebenszeit in der Hand, die ihm eine Alleinherrschaft sicherten. Er war Volkstribun und hatte das Imperium, den Oberbefehl über die Truppen, inne. Er nannte sich, um den Verdacht zu entkräften, er wolle das Königtum wiederherstellen, Princeps: Erster Bürger. 27 v. Chr. erhielt er den Ehrennamen Augustus, ›der Erhabene‹. Er wurde später auch Pontifex Maximus, der oberste Priester, und als ›Sohn des Vergöttlichten‹, Julius Cäsars, ließ er keinen Zweifel daran, daß auch er unter die Götter aufgenommen werde. Servilität und Speichelleckerei, wie sie sich sofort breitmachen, wo jemand alle wichtigen Entscheidungen an sich reißt, brachten unwidersprochen schon zu seinen Lebzeiten die Gepflogenheit auf, ihn als Gott zu behandeln. Die Verständigen taten das natürlich mit innerem Augenzwinkern.

Ein früher Tod hinderte Ovids Bruder, seine rednerische Begabung für eine Laufbahn zu verwenden. Ovid selbst war gewiß kein schlechter Schüler; der Kenntnisreichtum seiner Werke erweist es. Aber er rang lange, um dem Vater, der ihn warnte, keinen Kummer zu machen, mit einer anderen, stärkeren Begabung: Was er schrieb, geriet ihm zum Vers. Der überwältigende Erfolg, den ihm die ›Amores‹, seine frühen Liebeselegien (23-15 v. Chr.), einbrachten, nahm ihm die Entscheidung ab. Die Aufsicht über die Gefängnisse, die er sich vermutlich mit zwei Kollegen teilte, war kein Amt, von dem die Trennung schwerfiel. Auch die Querelen, mit denen er sich als Schiedsmann in Privatklagen herumzuschlagen hatte, stahlen ihm nur die Zeit. Ovid zerriß alle Fäden, die ihn mit dem Staatsdienst verbanden, und lebte fortan allein seiner Dichtung.

Er hatte sich redlich bemüht, ein gehorsamer Sohn zu bleiben. Früh wurde er mit einer Frau verheiratet, die ihn enttäuschte. Die Scheidung war unausweichlich. Warum auch die zweite Ehe, aus der vermutlich seine Tochter stammte, nicht lange dauerte, ist unbekannt. Aber es scheint, daß die Partner einander nichts vorzuwerfen hatten. Mit seiner dritten Frau schließlich verband Ovid bis in die bitteren Jahre der Verbannung eine aufrichtige, innige Liebe.

Mit Recht verteidigte er sich als Verbannter gegen den Verdacht, aus seiner Liebesdichtung dürfe auf einen sittenlosen Lebenswandel geschlossen werden. Er war einer Zeitströmung gefolgt und hatte darin sofort eine eigene Handschrift entwickelt. Im Unterschied zu Catull, dessen Gedichte zuweilen einem erotischen Tagebuch gleichen, erweiterte Ovid seine eigene Erfahrung durch Themen, die ihm seine umfassende Bildung bot. Geprägt wurde sie durch seine gründlichen, geradezu enzyklopädischen Kenntnisse der antiken Mythologie und durch seine rhetorische und juristische Ausbildung. In den ›Heroides‹, Briefen von Frauen antiker Helden, verknüpfte er zunächst beides, indem er exemplarische Liebesgeschichten gleichsam als ›Rechtsfälle‹ des Gefühls aufbereitete.

Aber sein früher und anhaltender Ruhm unter den Wohlhabenden in Rom, die sich den Staatsgeschäften entweder fernhielten oder von ihnen nicht ausgelastet waren, forderte neue Verse über die Liebe, die weniger historisierten, denen mehr über die Gegenwart abzugewinnen war. Ein Lehrgedicht über die Pflege des weiblichen Gesichts mutet wie ein Vorspiel an zu Ovids beliebtestem Werk: 1 v. Chr. erschien seine ›Ars amatoria‹, ein Lehrgedicht in drei Büchern über die ›Liebeskunst‹. Lukrez und Vergil hatten ihm formale Vorbilder geschaffen. Unerhört war der Stoff. Zweifel, ob Liebe überhaupt lehrbar sei, ließen sich nur durch eine ironische Behandlung entkräften. Daß alles scherzhaft gemeint sei, lieferte ein wichtiges Argument für die Rechtfertigungsversuche Ovids in der Verbannung. Auch im Versmaß ging er andere Wege als seine Vorbilder. Statt des durchgehenden Hexameters bediente er sich weiterhin des elegischen Distichons, das im Wechsel von Hexameter und Pentameter lockerer wirkte, spielerische Effekte ermöglichte und epigrammatisch zitierbare Sentenzen entstehen ließ, in denen oft genug der Schalk saß. In zwei Büchern plauderte er über die Gelegenheiten des Kennenlernens, Strategien der Eroberung und andere Verhaltensweisen, die den Mann ans Ziel seines Liebesbegehrens bringen, im dritten Buch wandte er sich der Rolle der Frau zu. Sein Grundsatz war, daß Liebe nur dann zur Erfüllung gelange, wenn sie Gegenliebe finde, die der Liebende zu wecken habe. Man könnte die ›Ars‹ auch eine ›Ästhetik der Liebe‹ nennen. Denn ein solcher Grundsatz schloß die Prostitution von vornherein aus und mußte in dem Dichter, der in seiner ersten Ehe selbst die Folgen einer Zweckheirat erfahren hatte, auch Skepsis gegen eheliche Liebe im allgemeinen wecken.

Wie schon in den ›Amores‹ klammerte er sie einfach aus. Ovid betrachtete es als sein Recht als Dichter, sich um die Etablierung der Liebe zwischen den Geschlechtern ebensowenig zu kümmern wie die wahre Liebe selbst. Sein Argument aus der Verbannung, daß er nicht für ehrbare römische Frauen geschrieben habe, ist also eine verzweifelte Ausrede, mit der er dem eigenen Werk Unglimpf zufügt.

Der Erfolg des Werkes war sowohl wegen seines Gegenstandes als auch infolge seiner Meisterschaft unausbleiblich. Wer allerdings ein Handbuch für den Geschlechtsverkehr erwartete, wurde enttäuscht, und moralisch entrüsten konnte sich nur die Prüderie. Dem Akt der Liebeserfüllung selbst gönnte Ovid verhältnismäßig wenig Raum, und auch in diesen Partien wahrte er sprachliche Diskretion. Psychologische Motive überwiegen in seinen Ratschlägen. Nirgends geht es ihm nur darum, wie sich ein Liebender des Objektes seiner Begierde bemächtigen könne. Sondern aus tiefstem Verständnis der Liebe zwischen den Geschlechtern gewinnt er, schalkhaft in die Rolle eines Lehrmeisters schlüpfend, als Ziel aller Mühen den gleichwertigen seelischen und körperlichen Liebesgenuß beider Partner.

V · Bis dahin hatte Ovid vielleicht gehofft, sich mit der Wahl seiner Stoffe den Themen der Tagespolitik fernzuhalten, in denen er sich zwischen aussichtsloser Opposition und geschmacklosen Huldigungen hätte entscheiden müssen. Wie Properz war er gewillt, ein unpolitischer Dichter zu bleiben. Das elegische Distichon galt ihm und seinen Freunden gleichsam als ein poetischer Schlüssel dieses passiven Widerstands gegen Augustus.

Daß Ovid seiner ›Ars‹ bald noch ein Buch folgen ließ, in dem er ›Heilmittel gegen die Liebe‹ dem verordnete, der sie zu benötigen glaubte, läßt annehmen, daß sein Argwohn sich regte, sein Werk könne doch öffentlich Anstoß erregen. Schlimm genug, daß es bei Leuten, die sich nicht auf Feinheiten verstanden, in den Geruch der Pornographie geriet. Die Politik des Augustus hatte mit zunehmender Stabilisierung restaurative Züge angenommen. Nach den Wirren der Umverteilung sollte jeder behalten, was er hatte, um ihm damit zu dienen. Römertugenden mußten dem Sittenverfall entgegengehalten werden, der in den Bürgerkriegen aufgekommen war, aber unter der Pax Augusta fortschritt. Von neuen Ehegesetzen, die fast alle finanziellen Belange eines Römers davon abhängig machten, ob er verheiratet war, und Ehelose eindeutig benachteiligten, versprach sich Augustus eine Wiederherstellung fragwürdig gewordener Familienverhältnisse unter den Besitzenden. Auch die alten religiösen Kulte wurden durch kaiserliche Maßnahmen stärker gefördert.

Aber die Römertugenden hatten sich im republikanischen Wettstreit um die besten Lösungen der Regierungsprobleme herausgebildet und wollten bei einer Jugend, von der vorwiegend Gehorsam erwartet wurde, nicht mehr so recht gedeihen. Wer eine Erbschaft nur antreten konnte, wenn er verheiratet war, wurde beizeiten von den Eltern verehelicht oder ging eine Scheinehe ein. Diese Ehen ohne Liebe vermehrten die Kundschaft der Dirnen. Unter den Verständigen glaubte niemand mehr in so kindlicher Weise an die Götter, wie es die Kulte erforderten. Götter und Mythen waren Bildungsgut und Kunstgenuß geworden. Augustus aber brauchte die Götter. Vergil hatte versucht, sie ihm wiederzugeben. Doch er war damit am Kaiser vorbeigelaufen: Der Dichter wollte die Götter als moralische Instanz für die ungeheure Verantwortung dieses neuartigen Herrschers wiederbeleben. Der Kaiser aber brauchte sie zur Unterstützung seiner Autorität.

Ovid kann nicht entgangen sein, wie sehr Anspruch und Wirklichkeit des ›augusteischen Zeitalters‹, das ein neues Goldenes hatte werden sollen, auseinanderklafften. Mit Bangen muß er sich gefragt haben, ob seine Werke und ihr Ruhm nicht allmählich dem Kaiser zum Ärgernis wurden. Er begann die ›Fasti‹, ein kalendarisches Lehrgedicht über die römischen Festtage, denen der Kaiser einige hinzugefügt hatte. Aber die Arbeit blieb liegen. Er schrieb die ›Metamorphosen‹, in denen er die schönsten Verwandlungsgeschichten der antiken Mythologie miteinander verknüpfte, und trennte sich dabei vom Pentameter, der seiner Muse so oft einen verschmitzten Zug gegeben hatte. Doch der durchgehende, im Ton heroisierende Hexameter konnte nicht darüber hinwegtäuschen, daß die Göttermythen sowohl für den Dichter als auch für seine Leser ihre religiöse Funktion eingebüßt hatten. In ihren sehr menschlichen Anwandlungen und Verfehlungen erschienen sie, der Göttervater Jupiter allen voran, als poetische Selbstbespiegelung der gebildeten Kreise und waren den Erwartungen des Augustus, das Volk werde endlich wieder inniger an sie glauben und folglich seine von den Göttern gewollte Herrschaft bereitwilliger hinnehmen, sogar abträglich. Auch Ovid und Augustus mißverstanden einander. Sonst wäre es dem Dichter kaum eingefallen, die künftige Vergöttlichung des Kaisers in seinen Geschichtenkranz mit einzuflechten.

Wir wissen nicht, auf welchem Fuß Ovid in der kaiserlichen Familie verkehrte. Die Umstände der Katastrophe lassen ahnen, daß zumindest die Damen ihn einluden, weil ihnen die ›Liebeskunst‹ gefiel. Was er in Plaudereien oder durch Ohrenbläser erfuhr, enthielt manche Warnung. Augustus selbst hatte seine Ehe mit Livia nicht unter den anständigsten Bedingungen geschlossen: Sie ging mit Drusus schwanger, als er sie ihrem Mann entführte, die Scheidung erzwang und sie ehelichte. Die Tochter des Augustus aus seiner ersten Ehe, die ältere Julia, verfing sich in Ehebruchsskandalen. Die neuen Gesetze wirkten nicht einmal in des Kaisers eigener Familie. Wenn Ovid dieser Julia und ihrer gleichnamigen Tochter aus seinem Buch vorlas, war er sehr unvorsichtig. Wenn er die beiden Frauen über der Lektüre antraf, hätte er erschrecken müssen.

Auch die jüngere Julia wurde beim Ehebruch ertappt. Ovids Andeutungen entnehmen wir, daß er unfreiwillig zum Mitwisser oder gar zum Augenzeugen geworden war. Vermutlich hatte Augustus sich bis dahin kaum für die Dichtungen seines Gastes interessiert. Jemand, der Ovid übelwollte, muß dem Kaiser ausgewählte Verse der ›Liebeskunst‹ vorgelesen haben, um ihm die Augen darüber zu öffnen, wer da nicht sofort weggesehen hatte, als er die jüngere Julia bei Unerlaubtem antraf.

Wenn Augustus die Halbheit seiner Erfolge beim Regieren bewußt war, hatte er Grund genug zur Erbitterung. Nun wurde ein neuer Skandal Stadtgespräch, und der Verfasser eines liederlichen Buches spielte eine Rolle dabei. Das brachte ihn in Zorn. Remus hatte die Linie einfach übersprungen, die für Romulus eine so ernste, so verdienstvolle, geschichtlich weittragende Sache gewesen war. Der andere Romulus schlug freilich nicht ganz so roh zu wie der Held der Vorzeit.

VI · Die Verbannung trifft Ovid wie ein Schock. Es hätte ihn freilich auch das Leben kosten können. Ein öffentlicher Prozeß bleibt ihm erspart. Vermögen und Bürgerrechte werden ihm nicht weggenommen. Nur fort muß er, möglichst weit fort. Augustus mutet ihm kaum mehr zu als der eigenen Tochter und der eigenen Enkelin, denn nach der einen wird auch die andere verbannt, allerdings auf eine Insel vor der italischen Küste, wo noch viele Angehörige der kaiserlichen Familie sich werden langweilen müssen. Ovid jedoch muß fast über Nacht ans Ende der damals bekannten Welt. Er reist überstürzt ab. Die Tochter, die sich in Libyen aufhält, kann er nicht noch einmal sehen. Hoffnung, das Urteil werde bald revidiert, läßt es ihm geraten erscheinen, die Ehefrau in Rom zurückzulassen, damit sie seinen Besitz verwalte und seine Begnadigung betreibe.

Die Strapazen und Gefahren der Reise und die Lebensumstände in Tomi am Schwarzen Meer, dem heutigen Constanţa, die klimatischen Verhältnisse und die ständige Bedrohung durch beutelustige Barbarenvölker lassen den Dichter argwöhnen, durch diese Art der Verbannung nur auf einem Umweg vom Leben zum Tode befördert zu werden. Die erste Erschütterung ist heftig genug, um sich von Jupiters Blitz getroffen zu fühlen. Aber den vollen Umfang der Katastrophe begreift Ovid erst nach und nach. Die Trennung von Rom, seiner Frau und den Freunden verschmerzt er am wenigsten. Sie stellt für einen Menschen seines Naturells den Wert des Überlebens in Frage. Er hat bereits die Fünfzig überschritten und ist nicht gesund. Man braucht kein verzärtelter Tagedieb gewesen zu sein, um es als hart zu empfinden, wenn man unter Leute, deren Sprache man nicht versteht, in ein vergleichsweise rauhes Klima und an die Grenzen der gewohnten Zivilisation verschlagen wird, fast ohne Hoffnung auf Rückkehr. Ovids geographische Vorstellungen verzerren die Wirklichkeit. Seine Schilderungen der Witterung mögen übertrieben erscheinen. Doch die übergroße seelische Erschütterung steigert ihm jedes körperliche Ungemach ins Überdimensionale.

Er sieht nur eine Rettung: Verse. Nun, da alles verloren ist, da er die ›Metamorphosen‹ nicht einmal hat vollenden können, hält er es wieder mit der gleichsam hinkenden Muse des elegischen Distichons. Vom Beginn seiner Verbannung im Jahre 8 n. Chr. bis um die Mitte des Jahres 12 n. Chr. entstehen die ›Tristia‹, Briefe an Freunde, über die heute wenig mehr bekannt ist, als daß sie die Adressaten waren, auch an Treulose, besonders aber an seine Gemahlin. Auch an Augustus richtet er das Wort. Er bedient sich der vertrauten Gewohnheit des Versemachens, um sich über seine Lage klarer zu werden, um Abstand zu gewinnen, um seine schwindende Hoffnung zu stärken, um sich den Lebenssinn zu erhalten. Der argumentative Stil des juristisch und rhetorisch geschulten Römers setzt sich wieder durch, denn nun ist er selbst mit seiner Dichtung zum Rechtsfall geworden. Die Arbeit an den ›Metamorphosen‹ klingt nach in der Fülle mythologischer Beispiele, mit denen er seinen Fall vergleicht, seine Lage verdeutlicht, seine Argumente veranschaulicht.

Zum erstenmal in der Antike macht sich ein Dichter so gründlich Gedanken über sich selbst, seine Rolle als Künstler, seine Verpflichtungen, Verantwortlichkeiten, seine Wirkungen. Der Wunsch, sich zu rechtfertigen und seine menschliche Würde zu behaupten, entlockt ihm sogar am Ende des Vierten Buches eine Autobiographie, wie sie bis dahin noch kein Dichter verfaßt hat.

Die Umstände wollen es, daß in seinen Versen die Klage überwiegt. Er selbst wird sich bewußt, wie groß das Risiko für die Qualität einer Dichtung ist, wenn man immer wieder nur sich selbst und seine mißliche Lage zum Gegenstand nimmt. Aber er verzichtet auf den Anspruch, ein überragendes Werk zu schaffen.

Er weiß, wie oft er in Gefahr gerät, weinerlich zu wirken. In der scheinbaren Larmoyanz dieser Elegien äußert sich ein empfindlicher Mangel an Kompensationsmöglichkeiten. Aus Philosophie hat sich Ovid wie die meisten Römer seiner Zeit nie viel gemacht. Die religiösen Inhalte der Mythen hatten für ihn – in der VII. Elegie des Vierten Buches verrät er es – wie für viele seiner Zeitgenossen ihre Glaubhaftigkeit verloren. Sooft er den Mythos beschwört, er stützt sich auf etwas, an dessen Tragfähigkeit er zweifelt, und wie zuvor die Liebe, so verziert er nun seine Leiden mit Götter- und Heldenwesen. Nur die Kunst vermag den Schlag, der ihn getroffen hat, etwas zu dämpfen.

Aber nicht nur seelische Selbsthilfe bezweckt Ovid, wenn er in der Verbannung weiterdichtet. Er will auch, sooft er sich direkt oder indirekt an Augustus wendet, erreichen, daß er begnadigt wird, daß er, wenn schon nicht nach Rom, so doch an einen näheren, ruhigeren, milderen Ort überwechseln darf. Dabei nun geht die seelische Erregung wieder mit ihm durch, und er übertreibt. Es ist ihm unbegreiflich, daß er, der nie politische Ambitionen gehegt hat, vom Kaiser wie ein politischer Gegner behandelt wird. Sobald Ovid das Wort an den Herrscher richtet, läßt er es an Stolz fehlen. Wütend verunglimpft er selbst das Werk, das ihn unsterblich macht, die ›Ars‹: Sie habe ihn ins Verderben gestürzt. Da er nie irgendein politisches Gegenprogramm vertreten hat, weiß er nicht, woher er seinen Stolz nehmen soll, fehlt ihm das Gefühl, sich für eine sinnvolle Sache aufzuopfern.

An der Küste des Pontus fällt Ovid ein Versäumnis ein: Alle Huldigungen, die er nicht für nötig erachtet hatte, als er noch seinen Ruhm in Rom genoß, holt er nun nach. Die Gepflogenheit, Augustus als Gott zu behandeln, ist ihm keine Frage des Geschmacks mehr. Alle, die etwas vom

Kaiser wollen, tun es inzwischen, und wer könnte sich noch anmaßen, nichts von dem Beglücker seines Zeitalters zu wollen?

Die politischen Gründe für seine Verbannung, die eigentlich nicht bei ihm und seinem Werk zu suchen sind, sondern bei Augustus, seinen Halbheiten und Mißerfolgen, bleiben in dieser Verteidigung schwer faßliche Hintergründe, über die vielleicht weder der Dichter noch der Kaiser je volle Klarheit gefunden haben.

Er behandelt seinen Fall noch mit der juristischen Spitzfindigkeit, die ihm aus seinen Studien erinnerlich ist. Doch seine Argumente wären nur stichhaltig, wenn es wirklich um Recht und Gesetz ginge. So stiehlt sich in sein Argumentieren nicht allein durch das ›Hinken‹ des Versmaßes unfreiwillige Verschmitztheit. Der Schalk nimmt die Maßregelung an und bittet kniefällig um Gnade. Aber es erweist sich, daß alles, was man gegen seine Überzeugung sagt, auf einen selbst zurückfällt, wenn man keine Übung im Heucheln hat.

Wo Ovid sich auf Beispiele beruft, entschlüpft ihm manches, was ihm als Hohn ausgelegt werden kann, ob er auf die Hohlheit der Spiele verweist, die der Kaiser braucht, um den Massen zu schmeicheln, oder ob er Literatur über das Würfelspiel verächtlich macht, das der Kaiser gerade sehr liebt. Wenn er sich mit dem Schmied Perillus vergleicht, der das Opfer seiner eigenen Kunst wurde, unterstellt er dem Kaiser denselben Zynismus, wie ihn der Tyrann Phalaris zeigte. Den Kaiser beleidigt zu haben, ist eine Dummheit wie ein Verstoß gegen die Naturgesetze. Ovid meint, die Autorität zu verherrlichen, beleidigt sie aber erneut, da er nirgends ein Argument für diese Autorität findet. Sie ist nicht mehr als ein Stein, über den man stolpert. Ovid huldigt Augustus dafür, daß er Aufgaben übernommen hat, wie sie vernünftiger Erfahrung zufolge ein Mensch nie zu lösen vermag. So stellt er nur die herrscherliche Selbstüberhebung bloß.

Die Republik war schon tot, als Ovid geboren wurde. Er zögerte kaum noch, sich dem autoritären Regime des beginnenden Kaiserreiches anzupassen. Aber über die rhetorisch-juristische Ausbildung waren noch republikanische Denkgewohnheiten auf ihn übergegangen. Sie fließen, ihm selbst oft unbewußt, in seine Argumentation ein, so daß alle seine an die Autorität gerichteten Bitten, Richtigstellungen, Belehrungen am Ende für die Autorität blamabel klingen. Ihr Zorn soll sich beruhigen. Aber darf eine Autorität im Zorn entscheiden? Ovid ist dankbar, daß ihm nicht öffentlich der Prozeß gemacht wurde. Aber vielleicht hatte der Kaiser einen solchen Prozeß am meisten zu fürchten? Nun holt ihn der Dichter gar in Versen nach! Die Wortklauberei über die Bezeichnung seiner Verbannung verdeutlicht es: Wenn Ovid erwägt, wieviel härter die Strafe hätte ausfallen können, um dann die ›Milde‹ des Kaisers hervorzuheben, sagt er nichts anderes, als daß die Willkür, ist sie einmal zum Zuge gekommen, keine Grenzen mehr zu respektieren braucht. Die Gnade, die ihm Augustus erwies, indem er sein Leben schonte, und die Gnade, um die er noch bittet – sie ist nichts als die Kehrseite der Willkür. Gnade ist nötig, wo Willkür gewaltet hat, und in der Gnade, mit der er nicht rechnen, auf die er nur hoffen darf, wohnt die Willkür.

Darauf konnte der Kaiser, der gern als Vertreter von Recht und Gesetz dastand, nicht eingehen. Da ließ er nicht mit sich rechten. Er weitete das Verbot der ›Liebeskunst‹ auf alle Werke Ovids aus und ließ sie aus den öffentlichen Bibliotheken entfernen. Den Gesuchen des Verbannten wurde, auch von Augustus' Nachfolger Tiberius, niemals stattgegeben.

Nach den ›Tristia‹ schrieb Ovid noch eine fast ebensolange Briefsammlung ›Epistulae ex Ponto‹, die thematisch nichts Neues brachte, deren Haltung immer resignativer wurde. Er sah Rom, seine Frau, seine Tochter, seine Freunde nie wieder. Er lebte sich in dem verhaßten Tomi ein, lernte die Sprache seiner Bewohner, die ihn zum Ehrenbürger ernannten, und leitete Spiele zu Ehren der Götter. 17 oder 18 n. Chr. starb er.

Romulus hatte noch viele Nachfolger, die sich Cäsaren nannten und den Titel ›Augustus‹ führten. Eine Ironie der Geschichte wollte es, daß der letzte Romulus Augustus hieß, als verwiese Roms Ende auf seine beiden Anfänge zurück. Die Leute nannten den Kaiser, den der Barbarenfürst Odoaker absetzte, schalkhaft verkleinernd Romulus Augustulus.

Ovids Werke standen schon lange wieder in öffentlichen Bibliotheken.

Volker Ebersbach

Anmerkungen

ERSTES BUCH

entstanden im Winter 8/9 n. Chr.

I

7 *Zedernöl* schützte den Papyrus, das Schreibmaterial der Antike, gegen Motten- und Wurmfraß und gab ihm einen gelblichen Farbton.

8 *Gehörn:* ›Bücher‹ hatten in der Antike die Form von Schriftrollen. Die Enden des Stabes, auf den sie gerollt wurden, trugen oft Verzierungen aus Elfenbein oder Horn.

11 *Bimsstein* glättete den äußeren Rand der Schriftrolle.

16 *Fuß:* Ovid spielt auf den Versfuß seiner Dichtung an.

20 *Göttergeschenk:* Ovid folgt der zu seiner Zeit aufkommenden Gepflogenheit, Kaiser Augustus den Rang eines Gottes einzuräumen.

30 *Cäsar:* Augustus übernahm als Großneffe und Erbe Gaius Julius Cäsars dessen Namen als Titel, den dann alle seine Nachfolger führten.

33 *Princeps:* ›der Erste‹, Titel des Augustus, der sich nicht als Monarch, sondern als ›erster Bürger‹ verstanden wissen wollte.

47 *Mäonier:* Beiname des Homer nach seiner Geburtslandschaft Mäonien (Lydien).

67f. Anspielung auf Ovids bekanntestes Werk ›Die Liebeskunst‹.

69 Auf dem *Palatinischen Hügel* in Rom standen die kaiserlichen Paläste.

79 *Phaëthon:* Sohn des Sonnengottes Sol. Er verlor sein Leben, als er sich tollkühn anschickte, den Sonnenwagen zu lenken.

83 An den *Kapherischen Felsen* (Kap Kaphereus), einem Vorgebirge der Insel Euböa, zerschellte die griechische Flotte bei der Heimkehr von Troja.

84 Als *Euböisches Meer* wird hier das schmale Seegebiet zwischen Euböa und dem Festland bezeichnet.

89 *Ikarus* entkam mit seinem Vater Dädalus durch künstliche Flügel der Gefangenschaft bei König Minos auf Kreta, stürzte aber ins Meer, weil er sich zu weit in die Höhe schwang, so daß die Sonne das Wachs, das die Federn zusammenhielt, schmolz.

100 *Achilles* verwundete seinen Mitstreiter Telephos und heilte ihn mit Rost von demselben Speer, der die Wunde verursacht hatte.

106 Die Buchrollen wurden in runden Kapseln aufbewahrt.

114 *Ödipus* und *Telegon* waren mythische Gestalten, die unwissentlich ihre Väter umbrachten.

117 ›*Gestalten im Wandel*‹: die ›Metamorphosen‹.

II

5 *Mulciber:* auch Vulcanus, Gott des Feuers und Waffenschmied der Götter.
Apollo: Gott des Lichtes und der Weissagungen.

6 *Teukrer:* Trojaner.
Venus: Göttin der Liebe.
Pallas: Beiname der Athene (Minerva), Göttin der Weisheit und der Kunstfertigkeit, kriegerische Schutzgöttin Athens.

7 *Saturnia:* Juno, Tochter des Saturn, Gattin des höchsten Gottes Jupiter.
Turnus: altitalischer Held, Gegner des Aeneas.
Aeneas: Trojaner, der dem Untergang Trojas entkam, mit seinen Getreuen nach Italien segelte und dort zum Ahnherrn der Römer wurde. Hauptgestalt in Vergils ›Aeneis‹.

9 *Neptun:* Gott des Meeres. *Ulixes:* lateinische Namensform für Odysseus.

10 *Minerva:* siehe Anm. II.6.

50 Die zehnte Woge galt als vernichtend.

65 *stygische Wellen:* Styx, Fluß der Unterwelt.

79 *Stadt Alexanders:* Alexandria.

83 *Pontus:* alter Name des Schwarzen Meeres und seiner Küste.

85 *Tomi* oder Tomis: Hafenstadt, ursprünglich griechische Handelsniederlassung. Heute Constanza in Rumänien.

92 *Ausonien:* alter, poetischer Name Italiens.

III

11 *Jupiter* hatte als höchster Gott Gewalt über den Blitz.

28 *Luna:* Mondgöttin.

29 Auf dem *kapitolinischen Hügel* oder Capitol stand der Tempel des Jupiter.

33 *Quirinus:* Unter diesem Namen wurde Romulus, der Gründer Roms, unter die Götter aufgenommen.

37 Siehe Anm. I.20.

43 ff. *Laren ... Penaten:* Hausgötter der Römer.

48 *parrhasischer Bär:* Sternbild des Großen Bären. Die Nymphe Kallisto, die, weil sie Jupiters Geliebte war, von Juno in eine Bärin verwandelt wurde, stammte aus Arkadien, dessen Westteil Parrhasien hieß. Jupiter versetzte sie als Sternbild an den Himmel.

61 *Skythien:* antike Bezeichnung für die nur wenig bekannten Gebiete Osteuropas.

66 *Theseus'* vertrauensvolle Freundschaft zu Pirithous wird von Ovid oft als Beispiel angeführt. (Siehe auch Anm. IX.31.)

75 *Mettus:* Bürger von Alba Longa; er versuchte die Römer nach dem Kampf zwischen den Horatiern und den Curiatiern zu hintergehen und wurde deshalb von Pferden zerrissen.

IV

1 *Boótes, der Hüter der Bärin:* Sternbild neben dem Großen Bären.

17 *Aeolus:* Gott der Winde.

19 *Illyrien:* Land östlich der Adria bis zum Morawafluß.

V

(Diese Elegie ist vermutlich an Ovids Freund Celsus gerichtet.)

19 f. Siehe Anm. III.66 und IX.31.

21 Aus *Phokis* stammte Pylades, der Freund des Orestes.

22 *Orest* wurde von den *Furien*, den Göttinnen der Rache, verfolgt, nachdem er seine Mutter Klytämnestra getötet hatte, um deren Mord an seinem Vater Agamemnon zu rächen.

23 f. *Euryalus* und *Nisus:* beispielhaftes Freundespaar aus Vergils ›Aeneis‹.
Rutuler: altitalisches Volk.

57 *Neritier:* Beiname des Ulixes (Odysseus) nach dem Berg Neritos auf seiner Heimatinsel Ithaka.

59 *Ilium:* Troja.
Dulichium: Insel nahe Ithaka.

62 *Geten:* Volksstamm im Gebiet des heutigen Rumänien.
sarmatisch: Als Sarmatien wurde das Gebiet nördlich des Schwarzen Meeres bezeichnet.

76 Göttin des Kriegs: Minerva.

VI

1 *Lyde:* Mädchengestalt, die der griechische Lyriker Antimachos von Kolophon besang. Die Bezeichnung *klarischer Dichter* billigt ihm zu, von Apollo begnadet zu sein, der in Klaros (Kleinasien) eine Orakel- und Kultstätte hatte.

2 *Bittis:* Gemahlin des griechischen Lyrikers Philitas von Kos.

19 *Das Weib des Hektor*, eines der hervorragendsten trojanischen Helden, war Andromache.

Laodamia, die Gemahlin des Protesilaos, der als erster Grieche vor Troja fiel, folgte ihm in die Unterwelt.

21 *mäonischer Seher:* Homer (siehe Anm. I.47).

22 *Penelope:* Gemahlin des Ulixes (Odysseus). Sie wartete zwanzig Jahre auf seine Rückkehr.

25 *Erste der Frauen:* Livia, die Gemahlin des Kaisers Augustus.

VII

2 *Bacchus:* Gott des Weines, mit Dionysos gleichgesetzt.

13 Anspielung auf die ›Metamorphosen‹.

17 *Thestias* brachte ihrem Sohn Meleagros den Tod, indem sie ein Holzscheit, an das sein Leben magisch gebunden war, ins Feuer warf.

VIII

(Diese Elegie richtet sich vermutlich an den mit Ovid befreundeten Macer, der ebenfalls dichtete, aber nicht mit dem Macer im Vierten Buch, X.43, identisch ist.)

2 *Sol:* Sonnengott.

36 *Lethe:* Fluß in der Unterwelt, aus dem die abgeschiedenen Seelen Vergessen tranken.

IV

27 *Thoas:* König von Tauris am Schwarzen Meer, bei dem Iphigenie, Tochter Agamemnons und Schwester Orests, als Priesterin der Diana diente, die sie der Opferung am Beginn des Zuges der Griechen gegen Troja entzogen hatte.

29 *Enkel des Actor:* Patroklos, Freund des Achilles.

31f. *Manen:* Schattengestalten Verstorbener in der Unterwelt (Tartarus). Theseus begleitete seinen Freund Pirithous dorthin bei dem Versuch, die Proserpina zu entführen. Der Versuch mißlang, nur Theseus wurde von Herkules wieder befreit. Dis war der Gott des Tartarus.

33 Siehe Anm. V.23.

34 Siehe Anm. II.7.

49f. Römische Priester bezogen ihre Weissagungen aus der Eingeweideschau bei Opfertieren, aus der Deutung von Himmelszeichen und aus der Vogelschau.

X

1ff. Das *Schiff*, auf dem Ovid seinen Weg in die Verbannung antrat, war dem Schutz der *Minerva* unterstellt und hieß wahrscheinlich ›Cassis‹ *(Helm)*. Da es außer Segeln auch *Ruder* hatte, kann es ein Kriegsschiff gewesen sein.

9 *Korinth:* Stadt an der gleichnamigen Landenge zwischen Attika und dem Peloponnes, wo auch die Hafenstadt *Cenchrae* lag.

14 *getisch:* siehe Anm. V.62.

15 Als *äolische Helle* oder Hellespont bezeichnete man die Meerenge der Dardanellen (siehe auch Anm. 27).

17 *Hektors Geburtsstadt:* Troja.

18 *imbrische Erde:* die Insel Imbros in der Ägäis.

19 *Zerynthos:* Stadt auf der ägäischen Insel Samothrake.

20 *Samos in Thrakien:* Samothrake. Ovid verließ hier die ›Cassis‹, setzte ans Festland über und reiste zu Fuß durch Thrakien.

21 *Tempyra:* Stadt im antiken Thrakien.

23 *bistonisch:* thrakisch.

24 *Hellespont:* siehe Anm. 15.

25 *Dardanos:* Stadt am kleinasiatischen Ufer des Hellespont, benannt nach dem Stammvater der Trojaner.

26 *Lampsakos:* Stadt am kleinasiatischen Ufer des Hellespont, die im Schutz des ländlichen Gottes Priapus stand.

27 *Sestos:* Hafenstadt am europäischen Ufer des Hellespont. Helle, Tochter des Königs Athamas und der Nephele, gab der Meerenge den Namen, weil sie auf der Flucht mit ihrem Bruder Phrixos vor ihrer Stiefmutter Ino von dem Stier mit dem Goldenen Vlies herabfiel und ertrank.

28 *Abydos:* Stadt am kleinasiatischen Ufer des Hellespont.

29 *Kyzikos an der propontischen Küste:* kleinasiatische Stadt an der Propontis, dem heutigen Marmara-Meer.

30 *Hämoniergeschlecht:* Achilles stammte aus der griechischen Landschaft Thessalien, auch Hämonien genannt.

31 *Byzanz:* Hafenstadt am Bosporus, später Konstantinopel, heute Istanbul.

32 Das Marmara-Meer (Propontis) faßte man als vorgelagerten Teil des Schwarzen Meeres (Pontus) auf.

34 *Cyanen:* Felsklippen am Bosporus, auch Symplegaden genannt.

35f. *Thynia:* Hafen an der thrakischen Schwarzmeerküste, wie auch die *Stadt des Apollo*, Apollonia, und *Anchialos* sowie *Mesembria.*

37 *Odessos:* heute Varna (Bulgarien).

38 Dionysopolis (Cruni).

39 *Alcathous' Mauern:* Einwohner von Megara bei Athen, das von Alcathous gegründet worden war, siedelten sich nach der Zerstörung ihrer Stadt an der Schwarzmeerküste an.

41 *milesische Gründung:* Tomi, Ovids Verbannungsort, war von griechischen Kaufleuten aus Milet gegründet worden.

45 *Söhne des Tyndaros:* die Dioskuren, Schutzgötter der Seefahrt, Sternbild der Zwillinge.

47 *Symplegaden:* siehe Anm. 34.

XI

5 Ovid meint die *Landenge* von Korinth.

8 *Kykladen:* Inselgruppe im Ägäischen Meer.

13 Die *Böcke* waren ein Teil im Sternbild des Fuhrmanns.

15 Siehe Anm. IV.1.

16 *Hyaden:* das Siebengestirn.

ZWEITES BUCH

entstanden 9 n. Chr.

8 ›*Kunst*‹: Ovids Versdichtung ›Ars amatoria‹ (›die Liebeskunst‹) wird oft auch nur kurz als ›Ars‹ bezeichnet.

14 die *göttlichen Schwestern:* die neun Musen.

19 Telephos, der von Achilles verwundet wurde (siehe Erstes Buch, Anm. I.100), war ein Nachkomme des Teuthras und Herrscher in dessen Reich.

24 *Ops:* italische Göttin, gleichgesetzt mit Kybele, einer kleinasiatischen Fruchtbarkeitsgöttin, die eine Festung als Krone trug.

25 *Phoebus:* Apollo, zu dessen Ehren alle hundert Jahre Säkularfeiern abgehalten wurden. Eine davon fiel in die Regierungszeit des Augustus.

39 Den Ehrentitel *Vater des Vaterlands* erhielt Augustus 2 v. Chr.

57 In Gestalt eines Kometen sollte der Geist Julius Cäsars zu den Göttern aufgestiegen sein. Diese Vergöttlichung war von Augustus an Bestandteil kultischer Verehrung für römische Kaiser.

64 Anspielung auf die ›Metamorphosen‹.

90 Eine *Parade*, bei der Ausrüstung und Lebenswandel kritisch überprüft wurden, hatten die Mitglieder des Ritterstandes vor dem Kaiser abzuhalten.

95 Privatklagen konnten vom Prätor an einen Schiedsmann verwiesen werden, der mit der Zustimmung beider Parteien bestimmt wurde.

105 *Actaeon*, ein thebanischer Königssohn, sah durch Zufall *Diana* beim Baden, wurde von ihr in einen Hirsch verwandelt und von ihren Hunden zerrissen.

137 Die ›Relegation‹ war eine abgemilderte Form der Verbannung ohne Verlust des Vermögens und der Bürgerrechte.

161 *Livia:* Gemahlin des Augustus.

165 Tiberius, Livias *Sohn* aus erster Ehe, wurde Nachfolger des Augustus.

167 Als *Enkel* des Augustus galten Drusus minor, Sohn des Tiberius, und Germanicus, Neffe des Tiberius, durch Adoptionen. Beide starben während der Regierungszeit des Tiberius wahrscheinlich durch Mordanschläge.

169 *Victoria:* geflügelte Siegesgöttin.

173 Tiberius.

189 *Hister:* Donau.

190 *Kallisto:* siehe Erstes Buch, Anm. III.48.

191 *Kolchier, Geten, Jazygen* und Metereër (wahrscheinlich Tereter gemeint) waren meist nomadisch lebende Volksstämme in den Gebieten vom Unterlauf der Donau bis zur Ostküste des Schwarzen Meeres.

197 Das Schwarze Meer hieß auch Pontus *Euxinus* (›gastfreundlich‹, ein Euphemismus der Griechen).

198 *Basterner:* germanischer Stamm in Südosteuropa.

199 Die Provinz Moesien, zu der Tomi gehörte, war erst 29 v. Chr. dem Römischen Reich angegliedert worden.

205 *latinisch:* römisch.

225 *Pannonien*, Illyrien benachbart, das heutige Westungarn, kam erst 10 n. Chr. endgültig in die Gewalt der Römer.

226 *Rätien*, das mittlere Alpengebiet, wurde 15 v. Chr. unterworfen.

Thrakien widersetzte sich noch lange der Besetzung durch die Römer. Erst 45 n. Chr. wurde der Widerstand im Landesinneren gebrochen.

227f. Die *Armenier* südlich des Kaukasus schwankten zwischen Bündnissen mit Rom und dessen gefährlichsten Gegnern im Osten, den *Parthern* im Gebiet des heutigen Iran.

229 Tiberius hatte 4/5 n. Chr. Siege in *Germanien* errungen, die jedoch 9 n. Chr. durch die Niederlage des Varus im Teutoburger Wald zunichte gemacht wurden.

230 Auch Tiberius führte schon zu Lebzeiten des Augustus als dessen künftiger Nachfolger den Cäsarentitel.

247-250 Zitat aus der ›Liebeskunst‹ I.31-34.

259 Die ›Annalen‹ waren ein Versepos des Ennius (239-169 v. Chr.).

260 *Ilia*, auch Rhea Silvia, empfing von dem Kriegsgott Mars die Zwillinge Romulus und Remus. Romulus gründete Rom.

261 ›*Mutter der Aeneaden ...*‹: Auftakt des Lehrgedichtes ›Über die Natur der Dinge‹ von Lukrez (gest. 55 v. Chr.).

279 *Spiele:* sportliche Wettkämpfe, Gladiatorenkämpfe, Wagenrennen, Theatervorstellungen.

282 *Mars:* Kriegsgott. Bei Gladiatorenkämpfen wurde Sand auf den Kampfplatz gestreut, in dem das Blut versickern konnte.

283 Der *Zirkus* (Circus Maximus) war Schauplatz großer Wagenrennen.

295f. Der Kriegsgott *Mars* hatte in Rom den Beinamen ›*Rächer*‹ (Mars Ultor). Venus unterhielt, obwohl sie mit dem Schmiedegott Vulcanus verheiratet war, zu ihm eine Liebesbeziehung.

297 *Isis*, eine ägyptische Göttin, die auch in Rom verehrt wurde, setzte man der Io gleich, weil ihr Symbol, die Mondsichel, an die Hörner der Kuh erinnerte, in die Jupiter Io, seine Geliebte, verwandelte, um Juno zu täuschen.

299 Aeneas, der Stammvater der Römer, war ein Sohn der *Venus* und des Trojaners *Anchises*.
Die Mondgöttin *Luna* fand auf dem Berg *Latmos* in Kleinasien den schönen Endymion und schläferte ihn, um seine Jugend zu erhalten, auf ewig ein.

300 *Ceres*, die Göttin des Ackerbaus, verliebte sich in den Jäger *Iasion*.

311 *Vestalinnen:* jungfräuliche Priesterinnen der Vesta, der römischen Göttin des Herdfeuers.

318 *argolisch:* griechisch.

319 Polyneikes und Eteokles, Söhne des Königs Ödipus von *Theben*, töteten einander im Zweikampf, eine Episode aus der Sage der Sieben gegen Theben, das sieben Tore zu verteidigen hatte.

332 Das elegische Distichon, in dem ein Hexameter mit einem Pentameter abwech-

selt, galt gegenüber dem reinen Hexameter der Heldenepen als das *kleinere Maß* der Versdichtung.

339 Anspielung auf die ›Amores‹, die Liebeselegien des Ovid.

359 *Accius* schrieb im 2. Jh. v. Chr. römische Tragödien.
Terenz (etwa 190-159 v. Chr.) war neben Plautus der bedeutendste römische Komödiendichter.

363 *Teos:* Geburtsort des griechischen Lyrikers Anakreon.

365 *Sappho*, die berühmteste griechische Dichterin, lebte um 600 v. Chr. auf der Insel Lesbos.

367 *Kallimachos:* griechischer Dichter im 3. Jh. v. Chr.

369 *Menander:* griechischer Komödiendichter (342-291 v. Chr.).

371 *›Ilias‹:* Versepos Homers über den Krieg der Griechen gegen Troja.

375 *›Odyssee‹:* Versepos Homers über die Irrfahrten des Odysseus.

380 Odysseus ließ sich durch Circe und Kalypso bei seiner Heimfahrt aufhalten.

383 *Hippolytos*, Sohn des Theseus und einer Amazone, wurde von seiner Stiefmutter Phaedra geliebt, wies sie aber ab. Phaedra verleumdete ihn deshalb, und Theseus ließ ihn zu Tode schleifen. Euripides verwandte den Stoff für eine Tragödie.

384 *Kanake*, die Tochter des Aeolus, liebte ihren Bruder und empfing von ihm ein Kind, das sie töten mußte.

385f. *Cupido:* auch Amor, Sohn der Venus, lenkte die Pferde, als Pelops, der Sohn des Tantalus, *Hippodamia* entführte. Pelops hatte von den Göttern eine *Schulter* aus Elfenbein bekommen, nachdem er von seinem Vater den Göttern als Speise vorgesetzt worden war. Die Götter, deren Allwissenheit Tantalus auf die Probe stellen wollte, erkannten die Untat und gaben Pelops das Leben wieder. Nur Ceres hatte unachtsam ein Stück von der Schulter gegessen. Pelops war *Phryger*; er wurde zum Ahnherrn der Atriden, also auch Agamemnons.

387 Medea, die Kolchierin, die Iason beim Raub des Goldenen Vlieses geholfen hatte, brachte ihre Kinder um, als Iason sie verließ.

389f. Einer Sage zufolge verliebte sich der Thrakerkönig Tereus in Philomela, die Schwester seiner Gemahlin Prokne, tat ihr Gewalt an und riß ihr die Zunge heraus. Doch Philomela gelang es trotzdem, die Tat aufzudecken. Aus Rache töteten die Schwestern Tereus' Sohn Itys. Tereus wurde in einen Wiedehopf verwandelt, Philomela in eine Nachtigall, Prokne in eine Schwalbe.

391f. *Aërope*, Gemahlin des Atreus, wurde von dessen Bruder Thyestes verführt. Atreus tötete darauf die Söhne des Thyestes und setzte sie ihm zum Mahl vor. Der Sonnengott *Sol* ließ bei diesem Anblick am Himmel entsetzt seine Pferde wenden.

393 *Scylla:* Nymphe. Worauf Ovid hier anspielt, ist nicht mehr zu ermitteln.

395f. *Elektra:* Tochter des Agamemnon und Schwester des Orest, dem sie half, ihre Mutter *Klytaemnestra* und deren Liebhaber *Aegisth* aus Rache für den Mord an Agamemnon umzubringen.

397 Die *Chimaera*, ein Mischwesen aus Schlange, Ziege und Löwin, das auch Feuer spie, sollte Bellerophon töten, nachdem die Frau seines Gastgebers, die ihn ohne Erwiderung liebte, ihn verleumdet hatte. Doch Bellerophon gelang es, das Untier zu töten.

399 *Hermione:* Tochter des Menelaos und der Helena, Verlobte des Orestes, Gestalt aus Euripides' Tragödie ›Andromache‹.

Atalanta: Königstochter, deren Freier mit ihr um die Wette laufen und, wenn sie verloren, sterben mußten.

400 *Kassandra*, die Tochter des trojanischen Königs Priamus, wurde in der Tragödie ›Agamemnon‹ des Aischylos nach dem Fall Trojas Magd und Geliebte des *mykenischen Fürsten* Agamemnon.

401 *Andromeda* wurde, wie auch eine Tragödie des Euripides darstellte, von Perseus vor einem Meeresungeheuer gerettet.

Danaë, über die Sophokles und Euripides Tragödien schrieben, wurde, da ihr Vater Acrisius sie in einen Turm sperrte, von Jupiter in Gestalt eines Goldregens aufgesucht.

Semele, die *Mutter des Bacchus*, ebenfalls eine Geliebte Jupiters.

402 *Haemon*, der Sohn des Königs Kreon von Theben, war mit Antigone verlobt.

Als Jupiter mit Alkmene in Gestalt ihres Gemahls Amphitryon den Herkules zeugte, vereinte er zwei Nächte zu einer. Aischylos, Euripides und Plautus gestalteten in der Antike diesen Stoff.

403 *Admetos*, König von Pherae in Thessalien, sollte nach Apollos Willen vom Tod noch eine Zeitlang verschont bleiben, wenn sich ein Mensch erbot, statt seiner zu sterben. Das tat seine Gemahlin Alkestis.

Theseus gewann die Liebe Ariadnes, die ihm bei der Tötung des Minotaurus half, aber auf Naxos von ihm verlassen wurde.

404 Protesilaos war der erste Grieche (*Pelasger*), der Trojas (*Iliums*) *Erde* betrat. Nachdem Hektor ihn erschlagen hatte, folgte ihm seine Gemahlin Laodamia in die Unterwelt.

405 *Iole* wurde nach der Zerstörung ihrer Vaterstadt Oechalia Geliebte des Herkules. Dessen *Frau* Deïanira machte sich aus Eifersucht unwissentlich schuldig an seinem Tod. Sophokles gestaltete diesen Stoff.

Mutter des Pyrrhus: Deïdamia.

406 *Hylas*, der Waffenträger des Herkules, wurde auf der Jagd von Nymphen fortgelockt.

Ganymedes, ein trojanischer Königssohn, wurde von Jupiters Adler auf den Olymp entführt.

411 Sophokles soll die Freundschaft des *Achilles* zu Patroklos in einem Satyrspiel als homoerotische Beziehung dargestellt haben.

413 *Aristides*, ein griechischer Schriftsteller des 2. Jh. v. Chr., sammelte erotische Kurzgeschichten, deren Schauplatz Milet war.

416 *Eubius:* nicht näher bekannter antiker Autor.

418 *›Die Sybaritin‹:* vermutlich pornographische Versdichtung des nicht näher bekannten Hemitheon von Sybaris.

420 Augustus stiftete der Stadt Rom zwei öffentliche Bibliotheken.

423 *Ennius:* siehe Anm. 259.

425 *Lukrez:* siehe Anm. 261.

426 Die drei Bestandteile der Welt waren für Lukrez Meer, Land und Himmel.

427 *Catull:* römischer Lyriker (87 oder 84 - um 54 v. Chr.).

428 *Lesbia:* Deckname, den Catull in seinen Liebesgedichten für die verheiratete Clodia benutzte.

431 *Calvus:* mit Catull befreundeter Dichter, dessen Werk bis auf einzelne Verse verloren ist.

433/435f. *Ticida, Memmius, Cinna, Anser, Cato, Cornificius:* römische Dichter, deren Werke verloren sind. Cato war nicht verwandt mit dem bekannten Cato Censorius, vermutlich auch nicht mit Cato Uticensis.

437f. *Perilla:* Deckname einer Dichterin, die sich später unter Benutzung des Familiennamens *Metellus* Metella nannte.

439 Iason segelte, um das Goldene Vlies zu holen, mit der *›Argo‹* in die Kolchis, wo der Fluß *Phasis* (heute Rion) ins Schwarze Meer mündete. Ovid spielt auf den Dichter Terentius Varro Atacinus an, der durch eine (verlorene) Dichtung über die Argonautensage bekannt war, aber auch Liebeselegien geschrieben hatte.

441 *Hortensius:* berühmter Redner und Zeitgenosse Ciceros, der auch Epigramme schrieb.

Servius: nicht näher bekannter römischer Dichter.

443 *Sisenna:* römischer Geschichtsschreiber, der die ›Milesiaka‹ des Aristides (siehe Anm. 413) aus dem Griechischen ins Lateinische übersetzte. Seine Werke sind verloren.

445 *Gallus:* römischer Dichter (69-26 v. Chr.), der in seinen Liebeselegien eine *Lycoris* besang. Er fiel bei Augustus wegen respektloser Äußerungen in Ungnade.

447 *Tibull:* römischer Dichter (um 54-19 v. Chr.), Verfasser von Liebeselegien, die erhalten sind. In den folgenden Versen adaptiert Ovid Verse Tibulls.

473ff. ›*Knöchel*‹: ungleichmäßig geformte Würfel, die vorwiegend auf eine bestimmte, nachteilige Seite fielen. Solche Würfe hießen ›*Hunde*‹. Augustus hatte eine Vorliebe für Würfelspiele.

477ff. Details aus verschiedenen dem Dame-Spiel ähnlichen Brettspielen.

506 Der Zweig einer *Palme* wurde dem Sieger bei einem Komödienwettstreit gereicht.

508 Der *Prätor*, Beamter der Gerichtsbarkeit in Rom, kaufte dem Stückeschreiber aus Mitteln der Staatskasse seine Manuskripte ab und vermittelte die Aufführung durch eine Schauspielertruppe.

518 *Mimen* waren Schauspieler des römischen Mimus, eines volkstümlichen Schwanks.

525 Ajax, nach Achilles bedeutendster Held der Griechen gegen Troja, Sohn des *Telamon*, geriet in einen Wahnsinnsanfall, weil die Rüstung des gefallenen Achilles nicht ihm zugesprochen wurde, und tötete das Proviantvieh der Griechen.

526 *Medea:* siehe Anm. 387.

529 Vor allem Vergil, Horaz, Properz und Tibull verstanden sich zu mehr oder weniger umfangreichen Huldigungen an Augustus.

533 Vergil verfaßte die ›*Aeneis*‹, die zum Nationalepos der Römer wurde, auch auf Anregung des Augustus.

534 Unter wörtlicher Anspielung auf den Auftakt der ›Aeneis‹ verweist Ovid auf die Liebesepisode zwischen Aeneas und der aus Tyrus stammenden Königin Dido.

537 *Amaryllis, Phyllis:* Schäferinnen aus den frühen Hirtengedichten des Vergil.

542 Siehe Anm. 90.

549 Die ›*Fasten*‹ des Ovid, von denen sechs Bücher überliefert sind, stellten römische Festtage im Ablauf der zwölf Monate dar.

552 Über das Werk ist nichts bekannt.

553 Für die *tragische Bühne* schrieb Ovid die ›Medea‹, die nicht erhalten ist.

554 *Kothurn:* Symbol der Tragödie; Schuhe mit sehr hohen Sohlen, die tragischen Rollen mehr Erhabenheit verleihen sollten.

555 Ovid meint die ›Metamorphosen‹.

568 *Kalliope:* die ›schönstimmige‹ Muse, der in spätrömischer Zeit die epische Dichtung zugeteilt wurde. Ovid nennt sie stellvertretend für alle Musen.

569 *Quiriten:* Bezeichnung für Inhaber des römischen Bürgerrechts.

DRITTES BUCH

entstanden 9/10 n. Chr.

I

11 Das Versmaß des elegischen Distichons kann auch als *hinkend* angesehen werden, weil der Pentameter um einen *Versfuß* kürzer ist als der Hexameter.

13 Siehe Erstes Buch, Anm. 1.7ff.

27 *Foren:* Marktplätze mit Verkaufsständen und zugleich Stätten öffentlicher Reden. Julius Cäsar ließ ein Forum am Fuß des Capitol errichten.

28 Die *Heilige Straße* (Via Sacra) führte zum Tempelbezirk auf dem Capitol.

29 *Vesta:* römische Göttin des Herdfeuers.

30 *Numa:* römischer König.

31 *Palatium:* kaiserliche Palastanlage auf dem palatinischen Hügel.

32 Jupiter *Stator*, der ›Erhaltende‹, als Schutzgott Roms verehrt.

36 Die Eiche war dem Jupiter heilig. Für die Rettung römischer Bürger wurden *Eichenlaubkränze* vergeben.

42 *Leukadischen Gott:* Apollo, der ein Heiligtum auf der Insel Leukas hatte.

60 Apollo wurde mit langem Lockenhaar dargestellt.

61 *Beliden:* Die fünfzig Töchter des Danaos, Enkelinnen des Belus, zierten als Statuen zwischen Säulen den Säulengang um den Apollontempel auf dem Palatinus, den Augustus nach seinem Sieg in der Seeschlacht bei Actium hatte errichten lassen.

71 Libertas, die römische *Göttin der Freiheit*, stand in der Eingangshalle der Bibliothek, die der Geschichtsschreiber Asinius Pollio gegründet hatte.

II

1 Ovid geht mit der Geographie seiner Zeit etwas großzügig um. Als *Skythien* galten nur die Gebiete nördlich des Schwarzen Meeres.

3 *Sohn Latonas:* Apollo, auch Schutzgott der Künste.
Pïeriden: die Musen, die ein Heiligtum auf dem Berg Pïeros in Makedonien hatten.

III

10 *Kunst des Apoll:* Die Musik.

62 *Pythagoras:* griechischer Philosoph und Mathematiker, der um 550 v. Chr. lebte und die Seelenwanderung lehrte.

67 *Thebanerin:* Antigone.

69 *Amomum:* orientalische Gewürzpflanze.

IVa

(Diese Elegie ist vermutlich an den mit Ovid befreundeten Anwalt Brutus gerichtet.)

19 *Elpenor:* Gefährte des Ulixes, der betrunken auf einem Dach einschlief und hinabstürzte. Ulixes begegnete ihm in der Unterwelt.

27 *Eumedes:* Vater des Dolon, der als trojanischer Spion von den Griechen abgeurteilt wurde und sich für seine Dienste das Gespann des Achilles ausbedungen hatte.

29 *Merops:* Gemahl der Clymene, die von Sol den Phaëthon empfing (siehe Erstes Buch, Anm. I.79).

IVb

1 Die Nymphe Kallisto, die in das Sternbild der Großen *Bärin* verwandelt wurde, stammte aus Arkadien, an dessen Grenze zu Elis sich der Gebirgszug Erymanthus hinzog. Daher das Attribut *erymanthisch.*

V

18 *Carus* war der Adressat dieser Elegie. Ovid läßt sich auf ein Wortspiel mit der Bedeutung des Namens ein.

38 Der alte König Priamus von Troja, aus *dardanischem* Geschlecht, da er von Dardanos abstammte, bat Achilles, ihm die Leiche seines gefallenen Sohnes Hektor auszuliefern.

39 *Emathien*, ein Teil Makedoniens, gab Alexander diesen Beinamen. Alexander behandelte nach seinem Sieg *Porus*, den König der Inder, mit Schonung.

40 *Darius* III., König der Perser, starb 330 v. Chr., nachdem er 333 die Schlacht bei Issos verloren hatte. Alexander gestattete ihm ein ehrenhaftes Begräbnis.

VI

(Diese Elegie ist vermutlich an Ovids Freund Celsus gerichtet.)

8 Gemeint ist Augustus.

VII

1 *Perilla:* Schülerin oder Stieftochter Ovids, nicht identisch mit der Perilla im Zweiten Buch, 437.

15 *Pegasus*, ein geflügeltes Pferd, das aus dem Blut der Medusa wuchs, öffnete durch Hufschlag am Berg Helikon die den Musen heilige Quelle Hippokrene.

19 *lesbische Dichterin:* Sappho von Lesbos (um 600 v. Chr.).

42 *Irus:* Bettlergestalt aus der ›Odyssee‹.
Krösus: König von Lydien, dessen Reichtum sprichwörtlich wurde.

52 *Mars:* römischer Kriegsgott.

VIII

1 *Triptolemus* lehrte die Menschen, als Bote der Ceres auf einem Wagen durch die Welt eilend, den Ackerbau.

3 *Medea* floh, nachdem sie ihre Rivalin und ihre Kinder getötet hatte, auf einem von *Drachen* gezogenen Wagen, der von ihrem Vorfahren Sol her in ihrem Besitz war.

IX

3 *Milet:* griechische Hafenstadt in Kleinasien.

6 *Ampsyrtos:* Bruder der Medea.

12 *Kolchis:* Landschaft an der östlichen Schwarzmeerküste, Heimat der Medea, der Tochter des Königs Aëtes.

13 *Minyer:* Gefährten des Iason, dem Medea nach dem Raub des Goldenen Vlieses gefolgt war.

33 Ovid leitet hier willkürlich den Namen seines Verbannungsortes Tomi(s) von der Medea-Sage ab.

X

5 *Bessen:* thrakischer Volksstamm.

74 *Acontius* bemühte sich listenreich um Cydippe.

XI

8 *Mänalisch:* Mänalus hieß ein Gebirge in Arkadien, woher Kallisto (siehe Zweites Buch, Anm. 190) stammte.

28 Achilles, der den Leichnam des *Hektor* schleifte, war *Hämonier* (Thessalier).

39 *Busiris:* ägyptischer König, der jeden Fremden töten ließ.

40 ff. Der Schmied *Perillus* baute für *Phalaris*, einen Tyrannen von Agrigent (Sizilien), einen bronzenen hohlen Stier zum Zweck grausamer Hinrichtungen und wurde durch den Zynismus des Tyrannen selbst das erste Opfer.

55 *Sikuler:* Sizilianer.

61 f. *Ulixes* (Odysseus) zog den *Zorn* des Meeresgottes Neptun auf sich, weil er dessen Sohn, den Cyclopen Polyphem, in Notwehr geblendet hatte.

XII

1 Ovid, zu dessen Zeit das Jahr eigentlich schon mit dem Januar begann, bezieht sich noch auf den 1. März als Neujahrstag nach altrömischem Kalender.

3 *Helle* (siehe Erstes Buch, Anm. X.27), wurde auf einem *Widder* entführt, der als Sternbild an den Himmel gelangte. Im Frühjahr steht zur Tagundnachtgleiche die Sonne in diesem Sternbild.

9 f. Den *Ruf einer schlechten Mutter* hatte die Schwalbe (siehe Zweites Buch, Anm. 389 f.).

21 *Virgo:* Wasserleitung im Norden der Stadt Rom.

45 ff. *Cäsar:* Augustus' Thronerbe Tiberius, der nach der Katastrophe im Teutoburger Wald wieder Teilerfolge gegen die Germanen erzielte.

XIII

2 ff. Am *Geburtstag* gedachte man mit Opfern seines persönlichen Schutzgottes (Genius), der einen das ganze Leben hindurch schattenhaft wie ein zweites geistiges Ich begleitete. In dieser Elegie verschmilzt der in der Anrede Ovids mit dem Tag seiner Geburt selbst (20. 3. 43 v. Chr.).

28 *›gastfreundlich‹:* siehe Zweites Buch, Anm. 197.

XIV

13 *Pallas* Athene (Minerva) wurde aus Jupiters Kopf geboren, nachdem er die schwangere Metis verschlungen hatte.

19f. Ovid hatte wahrscheinlich seine Handschrift der ›Metamorphosen‹ vernichtet, so daß sie uns nur durch Abschriften, die vorher angefertigt worden waren, überliefert sein können.

VIERTES BUCH

entstanden 10/11 n. Chr.

I

15f. Achilles, der aus Erbitterung darüber, daß Agamemnon ihm die schöne Kriegsgefangene *Briseïs* weggenommen hatte, den Kampf gegen Troja verweigerte, brachte seine Zeit damit zu, die *Lyra*, ein Saiteninstrument, zu spielen; *hämonisch:* aus Thessalien, der Heimat des Achilles.

17 *Orpheus*, Sohn des Apollo und der Muse Kalliope, ein thrakischer Sänger, versuchte seine verstorbene Gemahlin Eurydike aus der Unterwelt zurückzuholen, indem er die Fabelwesen des Schattenreiches durch seinen Gesang gewann. Da er aber die Bedingung, sich auf dem Rückweg nicht nach Eurydike umzusehen, nicht erfüllen konnte, verlor er sie zum zweiten Mal. Danach vermochte sein Klagegesang Tiere, Pflanzen und Steine zu bewegen.

21 *sintisch:* Die Sinti waren ein thrakischer Volksstamm.

31f. *Ulixes* und seine Gefährten begegneten auf ihrer Irrfahrt den Lotophagen. Der *Lotos*, den sie aßen, bewirkte allerdings, daß man die Heimkehr vergaß. Dieses Schicksal traf einige Gefährten des Ulixes, die ihren Appetit nicht zu zügeln wußten.

41 *Bacchantin:* tanzende Begleiterin des Bacchus.

42 Am Berg Ida in Phrygien wurde die Fruchtbarkeitsgöttin Kybele verehrt, deren Kult daher als *idäisch* mit dem des Bacchus verschmolz.

43 *Thyrsos:* eine Art Zepter des Bacchus, Symbol seines Kultes. Um einen Stab wand sich Weinlaub oder Efeu. Auf der Spitze saß ein Pinienzapfen.

50 *Helikon:* Berg in der griechischen Landschaft Böotien, Heimat der Musen.

II

7 *Beide Cäsaren:* Augustus und Tiberius.

9 *Jünglinge:* Drusus minor und Germanicus (siehe Zweites Buch, Anm. 167).

11 *Schwiegertöchter:* Agrippina maior und Antonia.

13 f. Siehe Zweites Buch, Anm. 311.

27 *sidonisch:* Sidon in Phönikien lieferte den aus der Purpurschnecke gewonnenen roten (auch schwarzen) Farbstoff.

35 Auch Tacitus (Annalen I.61) erwähnt Menschenopfer bei den Germanen.

39 f. *Drusus:* Drusus maior, der Bruder des Tiberius, der bereits den Beinamen Germanicus erhalten hatte. Sein Sohn erhielt denselben Beinamen (siehe Zweites Buch, Anm. 167).

51/56 Der *Lorbeer* war sowohl dem *Phoebus* Apollo als auch dem *Jupiter* heilig. Im Kult des Phoebus bedeutete er Reinigung von Blutschuld. Bei Triumphzügen wurde im Jupitertempel auf dem Capitol *(Burg)* der Lorbeerkranz des Triumphators niedergelegt.

III

7 f. *Remus*, Zwillingsbruder des Romulus, von *Ilia* geboren, übersprang spottend die Mauerlinie, mit der Romulus das soeben gegründete Rom umgeben hatte, und wurde dafür von seinem Bruder erschlagen.

29 *Thebanerin:* Andromache, Gemahlin Hektors, stammte aus Theben.

30 *Thessaliergespann:* Achilles war Thessalier.

46 Neugeborene wurden in einem römischen Ritus auf die Erde gelegt. Das Kind wieder aufzuheben bedeutete Anerkennung der Vaterschaft.

63 f. *Kapaneus*, einer der Sieben gegen Theben, wurde von Jupiters Blitz vernichtet, weil er die Stadt gegen den Willen der Götter erobern wollte. *Euadne*, seine Gemahlin, folgte ihm in den Tod.

65 f. Nachdem Jupiter den Phaëthon (siehe Erstes Buch, Anm. I.79) vernichtet hatte, weinten seine Schwestern, bis sie Pappeln wurden; ihre Tränen verwandelten sich in Bernstein.

67 f. *Semele*, Tochter des *Kadmos*, Mutter des Bacchus, ließ sich von Juno verleiten, in einem *Gebet* an Jupiter den Wunsch zu äußern, daß er ihr leibhaftig erscheine, und starb bei seinem Anblick.

77 *Tiphys:* Steuermann der ›Argo‹ (siehe Zweites Buch, Anm. 439).

78 *Phöbus* galt auch als Gott der Heilkunst.

IV

(Diese Elegie richtet sich vermutlich an Messalinus, den Sohn des Messala, der Ovid, wie auch den Tibull, sehr gefördert hatte.)

55f. Siehe Zweites Buch, Anm. 197.
Axenus: ungastlich.

63ff. *Tauris:* siehe Erstes Buch, Anm. IX.27.
Die *köchertragende Göttin* war Diana, die Göttin der Jagd.

71 Der *phokäische Freund* des Orest war Pylades aus Phokis.

V

(Diese Elegie ist vermutlich an Cotta, den jüngeren Bruder des Messalinus, gerichtet.)

30 *Kastor:* Zwillingsbruder des Pollux. Die Zwillinge wurden als Sternbild der Dioskuren an den Himmel versetzt, da Pollux als Sohn des Jupiter die Unsterblichkeit erbte, jedoch darauf verzichtete, weil sie Kastor als Sohn des Tyndaros nicht besaß.

VI

5 *punisch:* nordafrikanisch.

VII

2 Ende Februar/Anfang März steht die Sonne im Sternbild der Fische. Ovid benutzt es im Singular.

7 Auf Papyrus geschriebene Briefe wurden mit einem *Faden* zugenäht, dessen Enden man versiegelte.

11 *Gorgo Medusa:* schlangenhaariges Ungeheuer, ursprünglich ein schönes Mädchen, dem Neptun im Tempel der Pallas Gewalt antat. Die Göttin rächte sich, da sie Neptun nichts anhaben konnte, durch die Verwandlung des Mädchens. Perseus hieb ihr, in einen Spiegel schauend, da ihr Anblick versteinernd wirkte, das Haupt ab.

13 *Jungfrau:* Scylla, eine Nymphe, die von Circe aus Eifersucht in ein Meerungeheuer verwandelt wurde.
Chimaera: siehe Zweites Buche, Anm. 397.

15 Zentauren waren Mischwesen aus Pferdeleibern und menschlichen Oberkörpern.

16 Geryon, der riesenhafte *dreileibige Mann*, wurde von Herkules seiner Rinderherden beraubt.

Cerberus, der *dreiköpfige Hund*, bewachte den Eingang zur Unterwelt.

17 *Sphinx:* Mischwesen aus Löwin und Frau, das Rätsel aufgab.

Harpyien: räuberische Vogelwesen mit Mädchengesichtern.

Giganten: Söhne der Erde, die sich gegen die olympischen Götter erhoben, aber nach einer Schlacht (Gigantomachie) in den Tartarus geschleudert wurden. Ihre Beine liefen in Schlangen aus.

18 *Gyas:* hundertarmiger Unhold.

Der Minotaurus, den Pasiphaë von einem Stier empfangen hatte, war ein Mischwesen aus Mensch und Stier.

VIII

24 Ein Gladiator konnte nach einer Anzahl siegreich bestandener Kämpfe mit einem hölzernen Rapier in die Freiheit entlassen werden.

43 *Delphi* und *Dodona* waren in der Antike berühmte Orakelstätten.

IX

6 *Furien:* Rachegöttinnen.

18 Das Sternbild des Großen Bären, das in den nördlichen Breiten nicht untergeht, bezeichnet Ovid als das *kalte Gestirn*.

X

3 *Sulmo:* heute Sulmona östlich Roms in den Abruzzen.

4 *Milie:* römische Meile, etwa 1,5 km.

6 In der Schlacht bei Mutina (43 v. Chr.) fielen beide Konsuln im Kampf gegen Antonius, der mit Octavian, dem späteren Augustus, Erbe des 44 v. Chr. ermordeten Cäsar war.

13 Vom 19. bis zum 23. März fanden Festspiele für die kriegerische Göttin *Minerva* statt. Am zweiten Tag, also am 20. März, Ovids Geburtstag, begannen die Gladiatorenkämpfe.

18 *Forum:* siehe Drittes Buch, Anm. I.27.

22 *Mäonier:* Homer (siehe Erstes Buch, Anm. I.47).

28f. Das *Männergewand*, die toga virilis, wurde mit fünfzehn oder sechzehn Jahren angelegt. Der *purpurne Saum* durfte von Senatorensöhnen getragen werden. Augustus gestattete ihn auch Söhnen von Rittern, wenn sie bereit waren, eine Ämterlaufbahn einzuschlagen.

34 Die *Dreimänner* versahen die Aufsicht über die Gefängnisse.

35 In der *Kurie* tagte der Senat. Da Ovid seine Laufbahn abbrach, mußte er auf den breiteren purpurnen *Saum* an der Toga, Kennzeichen der Senatoren, verzichten.

39 *aonischen Schwestern:* die Musen, deren Berg Helikon in Böotien (Aonien) lag.

43 *Macer:* mit Vergil befreundeter Dichter, der bis 16 v. Chr. lebte; nicht mit dem vermutlichen Adressaten der VIII. Elegie des Ersten Buches identisch.

45 *Properz:* römischer Elegiendichter (etwa 49-15 v. Chr.).

47 *Ponticus, Bassus:* mit Ovid befreundete Dichter, deren Werke verloren sind.

49 *Horaz:* römischer Lyriker und Satiriker (65-8 v. Chr.).
Ihm wurde das Verdienst zugesprochen, den Versgesang zur *Lyra*, worin die Griechen Meister waren, endgültig auch in Ausonien (Italien) heimisch gemacht zu haben.

51 *Vergil:* römischer Dichter (70-19 v. Chr.).

52 *Tibull:* siehe Zweites Buch, Anm. 447.

53 *Gallus:* siehe Zweites Buch, Anm. 445.

56 *Thalia:* eine der neun Musen, der später die komische Dichtung zugeteilt wurde.

60 *Corinna:* fiktive Geliebte in Ovids frühen Liebeselegien.

65 *Cupido:* Liebesgott, Sohn der Venus.

78 *Lustren:* Ein ›lustrum‹ umfaßte fünf Jahre.

86 In der Antike herrschte die Feuerbestattung auf Scheiterhaufen vor.

95 *Pisa:* Landschaft in Griechenland, in der Olympia lag. Der *Ölzweig* war die Trophäe für olympische Siege. Ovid gleicht den Vierjahresturnus der Olympiade den römischen Lustren an.

FÜNFTES BUCH

entstanden 11/12 n. Chr.

I

11 *Kaystros:* Fluß in Kleinasien, an dessen Ufern viele Schwäne gelebt haben sollen.

21 *Amor:* Cupido, Sohn der Venus, der einen Köcher mit Pfeilen trug, um damit seine Opfer verliebt zu machen.

31 *Thybris:* altrömischer Name für Tiber.

32 *Marsfeld:* freie Fläche im Nordwesten Roms, Truppenübungsgelände und Versammlungsplatz.

53 Siehe Drittes Buch, Anm. XI.40 ff.

55 Siehe Drittes Buch, Anm. V.38.

57 Diana und Phoebus, *Kinder Latonas*, töteten alle vierzehn Kinder der *Niobe*, weil diese sich vor Latona mit ihrem Kinderreichtum gebrüstet hatte.

60 *Alkyone* und ihr Gemahl Keyx wurden in Wasservögel verwandelt, nachdem sie Schiffbruch erlitten hatten. Keyx ertrank zuerst, Alkyone sprang ihm nach. *Prokne:* siehe Zweites Buch, Anm. 389f.

61 *Poeas Sohn* Philoktet wurde, da er, von einer Schlange gebissen, an einer unheilbaren, stinkenden Wunde litt, auf der Insel Lemnos ausgesetzt, als die Griechen gegen Troja zogen.

II a

13 Siehe Anm. I.61.

15 Siehe Erstes Buch, Anm. I.100.

28 Siehe Erstes Buch, Anm. I.89.

43 f. Verbrecher, denen es gelang, sich an einen Altar zu flüchten, durften nicht ergriffen werden.

II b

(Dieser zweite Teil des Briefes ist an Augustus gerichtet.)

73 Der Meeresstrudel *Charybdis* befand sich in der Nähe von Messina, das auch *Zancle* hieß.

75 *Aetna:* Vulkan auf Sizilien.

76 Auf Leukas hatte Apollo einen Tempel. Dem deshalb *leukadisch* genannten Gott zu Ehren wurde dort alljährlich von einem Felsen ein zum Tode Verurteilter ins Meer geworfen.

III

1 Das Fest des *Bacchus* wurde am 17. März gefeiert.

7 Das Sternbild des Kleinen Bären wurde auch *›Kynosurisch‹* (kynosura: griech., Hundeschwanz) genannt.

14 *Parze:* Schicksalsgöttin.

16 *Efeu* war dem Bacchus heilig.

18 Ovid läßt offen, ob er Jupiter oder Augustus meint.

22 *Strymon:* Fluß in Thrakien (heute Struma).

23 f. Bacchus trat in *Indien* seinen Siegeszug durch die Welt an. Seine Herkunft wird verschieden überliefert und ist durch Vermischung mit anderen Kulten widersprüchlich.

26 Jupiter barg, als Semele, die Mutter des Bacchus (siehe Viertes Buch, Anm. III.67) starb, ihre Leibesfrucht in seinem Schenkel, bis die Schwangerschaftsfrist abgelaufen war. Daher galt Bacchus als *Zweimalgeborener.*

29 f. Siehe Viertes Buch, Anm. III.63 f.

32 Ovid spielt darauf an, daß auch Semele durch Jupiter den Tod fand.

35 *Liber:* römischer Beiname des Bacchus.

37 *Bacchantinnen ... Satyrn:* Gefolge des Bacchus.

39 *Lykurg,* König von Thrakien, wurde von Bacchus, da er sich weigerte, den Gott zu verehren, geblendet, so daß er mit dem *Beil* seinen eigenen Sohn erschlug.

40 *Pentheus,* König von Theben, wurde ebenfalls grausam dafür bestraft, daß er sich weigerte, den Bacchuskult einzuführen.

41 Bacchus nahm die von Theseus auf Naxos verlassene Ariadne zur Frau und versetzte ihre *Krone* als Sternbild an den Himmel.

IV

25 *Menoetiades:* Patroklos, der Freund des Achilles, war ein Sohn des Menoetius.

26 *Aegide:* Theseus, auf dessen Freundschaft mit Pirithous sich Ovid bezieht (siehe Erstes Buch, Anm. IX.31 f.), war ein Sohn des Aegeus.
Euryalus: siehe Erstes Buch, Anm. V.23 f.

30 Vermutlich eine Anspielung auf Atticus, einen Jugendfreund, mit dem Ovid eine Griechenlandreise unternahm und an den diese Elegie adressiert sein könnte.

48 Wer den Strand pflügt, tut etwas Sinnloses.

V

3 *laërtischer Held:* Ulixes war ein Sohn des Laërtes.

14 Siehe Drittes Buch, Anm. XIII.2ff.

33f. Die Brüder, die einander erschlugen, waren die Thebaner Eteokles und Polyneikes.

38 *Battiades* nannte man den griechischen Dichter Kallimachos nach Battos, dem Gründer seiner Heimatstadt Cyrene.

44 *Eëtion:* Vater von Hektors Gemahlin Andromache, König von Theben.
Icarius: Vater der Penelope, der Gemahlin des Ulixes.

53 *Echions Festung:* Theben.

54 *Euadne:* siehe Viertes Buch, Anm. III.63f.

55 *Pelias:* Vater der Alkestis, die für ihren Gemahl Admetos in den Tod ging (siehe Zweites Buch, Anm. 403).

58 *Laodamia:* siehe Erstes Buch, Anm. VI.19.

62 *Pylier:* Nestor, der ein sprichwörtliches Alter erreichte, stammte aus Pylos.

VI

7 *Palinurus:* Steuermann des Aeneas in Vergils ›Aeneis‹. Er wurde nachts vom Schlafgott überwältigt und ertrank.

9 *Automedon:* Wagenlenker des Achilles.

11 *Podalirius:* Arzt im Lager der Griechen vor Troja.

14 Siehe Anm. II.43.

25 *Sohn Agamemnons:* Orest.

32 Ehrenzeichen der Konsuln waren *Ruten*bündel mit einem Beil in der Mitte. Der *purpurne Saum* einer Toga kündigte einen Senator an.

38 *Hybla:* Berg in Sizilien.

VII

35f. Siehe Erstes Buch, Anm. I.83.

VIII

7 *Fortuna:* Göttin des Glücks.

9 *rhamnusische Göttin der Rache:* Nemesis, die in Rhamnus verehrt wurde.

IX

(Diese Elegie ist vermutlich an Cotta gerichtet, vgl. Viertes Buch IV/V.)

19 *stygisch:* vom Styx (siehe Erstes Buch, Anm. II.65).

31 *Thalia:* Muse.

X

13 Siehe Zweites Buch, Anm. 197.

14 *Skythisches Meer:* Schwarzes Meer.

45 *Lachesis:* Parze, die das Lebenslos ausgibt.

XI

11 *IHN:* Augustus.

XII

8 *Niobe:* siehe Anm. I.57.

12 *Anytus* war der Ankläger im Prozeß gegen *Sokrates.*

45 *neun Schwestern:* die Musen.

47 Siehe Drittes Buch, Anm. XI.40.

XIII

22 *trinakrisch:* sizilianisch.
Hybla: siehe Anm. VI.38.

XIV

37 *Admetos' Gemahlin:* Alkestis.
Hektors Gemahlin: Andromache.
Iphis' Tochter: Euadne (siehe Viertes Buch, Anm. III.63 f.).
39 *Protesilaos' Weib:* Laodamia (siehe Erstes Buch, Anm. VI.19).
40 *ilisch:* trojanisch.

Inhalt

Erstes Buch

Zweites Buch

Drittes Buch

Anhang

Alte Welt und Mittelalter
im insel taschenbuch

Apuleius: Der goldene Esel. Mit Illustrationen von Max Klinger zu ›Amor und Psyche‹. Aus dem Lateinischen von August Rode. Mit einem Nachwort von Wilhelm Haupt. it 146

Augustinus: Bekenntnisse. Lateinisch und deutsch. Eingeleitet, übersetzt und erläutert von Joseph Bernhart. Mit einem Vorwort von Ernst Ludwig Grasmück. it 1002

Joseph Bédier: Der Roman von Tristan und Isolde. Mit Holzschnitten von 1484. Deutsch von Rudolf G. Binding. it 387

Boethius: Trost der Philosophie. Zweisprachige Ausgabe. Lateinisch und deutsch. Mit einem Nachwort von Ernst Ludwig Grasmück. it 1215

Otto Borst: Alltagsleben im Mittelalter. Mit zeitgenössischen Abbildungen. it 513

Roberto Calasso: Die Hochzeit von Kadmos und Harmonia. Aus dem Italienischen von Moshe Kahn. it 1476

Catull: Sämtliche Gedichte. Lateinisch und deutsch. Aus dem Lateinischen von Carl Fischer. Mit einem Nachwort von Bernhard Kytzler. it 1736

Dante: Die Göttliche Komödie. Mit fünfzig Holzschnitten von Botticelli. Deutsch von Friedrich Freiherr von Falkenhausen. 2 Bde. it 94

Epiktet: Wege zum glücklichen Handeln. Aus dem Lateinischen von Wilhelm Capelle. it 1458

Epikur: Philosophie der Freude. Briefe, Hauptlehrsätze, Spruchsammlung, Fragmente. Übertragen und mit einem Nachwort versehen von Paul M. Laskowsky. it 1057

Das Evangeliar Heinrichs des Löwen. Erläutert von Elisabeth Klemm. Mit farbigen Bildtafeln. it 1121

Geschichten aus dem Mittelalter. Herausgegeben von Hermann Hesse. Aus dem Lateinischen übersetzt von Hermann Hesse und J. G. T. Graesse und mit Nacherzählungen von Leo Greiner. Neu zusammengestellt von Volker Michels. it 161

Götter, Spötter und Verrückte. Antike Anekdoten. Herausgegeben von Gerhard Fink. it 1720

Griechisches Theater. Aischylos: Die Perser. Die Sieben gegen Theben. Sophokles: Antigone. König Ödipus. Elektra. Aristophanes: Die Vögel. Lysistrata. Menander: Das Schiedsgericht. Deutsch von Wolfgang Schadewaldt. it 721

Herman Grimm: Das Leben Michelangelos. it 1758

Helmut Hiller: Heinrich der Löwe. Herzog und Rebell. Eine Chronik von Helmut Hiller. it 922

151/1/12.95

Alte Welt und Mittelalter
im insel taschenbuch

Homer: Ilias. Neue Übertragung von Wolfgang Schadewaldt. Mit antiken Vasenbildern. it 153

Ilias. Odyssee. In der Übertragung von Johann Heinrich Voß. it 1204

Horaz: Oden. Lateinisch und deutsch. Neu übertragen von Winfried Tilmann. it 1418

Ibn Hazm al Andalusi: Von der Liebe und den Liebenden. Aus dem arabischen Urtext übertragen von Max Weißweiler. it 1757

Klosterleben im deutschen Mittelalter. Nach zeitgenössischen Quellen von Johannes Bühler. Mit zahlreichen Abbildungen. Herausgegeben von Georg A. Narciß. it 1135

Christoph Kolumbus: Bordbuch. Mit einem Nachwort von Frauke Gewecke und zeitgenössischen Illustrationen. it 476

Longus: Daphnis und Chloë. Ein antiker Liebesroman. Aus dem Griechischen übersetzt und mit einem Nachwort von Arno Mauersberger. Mit Illustrationen der »Edition du Régent«. it 136

Thomas Malory: Die Geschichten von König Artus und den Rittern seiner Tafelrunde. 3 Bde. Übertragen von Helmut Findeisen auf der Grundlage der Lachmannschen Übersetzung. Mit einem Nachwort von Walter Martin. Mit Illustrationen von Aubrey Beardsley. it 239

Marc Aurel: Selbstbetrachtungen. Aus dem Lateinischen von Otto Kiefer. Mit einem Vorwort von Klaus Sallmann. it 1374

Meister Eckhart: Das Buch der göttlichen Tröstung. Ins Neuhochdeutsche übertragen von Josef Quint. it 1005

Minnesinger. In Bildern der Manessischen Liederhandschrift. Mit Erläuterungen herausgegeben von Walter Koschorreck. Vierundzwanzig Abbildungen. it 88

Die Nibelungen. In der Wiedergabe von Franz Keim. Mit Illustrationen von Carl Otto Czeschka. Mit einem Vor- und Nachwort von Helmut Brackert. Im Anhang die Nacherzählung ›Die Nibelungen‹ von Gretel und Wolfgang Hecht. it 14

Ovid: Liebeskunst. Nach der Übersetzung von W. Hertzberg. Bearbeitet von Franz Burger-München. Mit Abbildungen nach etruskischen Wandmalereien. it 164

– Metamorphosen. In der Übertragung von Johann Heinrich Voß. Mit den Radierungen von Pablo Picasso und einem Nachwort von Bernhard Kytzler. it 1237

Francesco Petrarca: Dichtungen. Briefe. Schriften. Auswahl und Einleitung von Hanns W. Eppelsheimer. it 486

151/2/12.95

151/3/12.95